QICHE

RENSHI

全国职业教育"十二五"规划教材

汽车认识

蔡昶文　陆松波　主编 ◀◀◀

 化学工业出版社

·北京·

本书共分三个模块,包括世界汽车发展史、汽车常用工具设备、汽车整车认识,讲述了世界著名汽车品牌的发展,汽车维修常用工具、量具、设备的认识、使用和注意事项,汽车总体构造、汽车发动机、发动机附属结构、汽油车燃油供给系统、汽车传动系统、汽车转向行驶系统、汽车制动系统、汽车车身附属设备等的认知。书中内容深入浅出,采用全彩色印刷,图文并茂,宜教宜学。

本书可作为技工学校、中等职业学校、高职高专院校的教材,也可作为培训教材,并可供广大汽车维修人员、汽车爱好者参考。

图书在版编目(CIP)数据

汽车认识/蔡昶文,陆松波主编. 一北京:化学工业出版社,2014.8(2024.9重印)
全国职业教育"十二五"规划教材
ISBN 978-7-122-21050-0

Ⅰ.①汽… Ⅱ.①蔡…②陆… Ⅲ.①汽车-中等专业学校-教材 Ⅳ.①U46

中国版本图书馆CIP数据核字(2014)第135609号

责任编辑:韩庆利   装帧设计:刘丽华
责任校对:蒋 宇

出版发行:化学工业出版社(北京市东城区青年湖南街13号 邮政编码100011)
印   装:涿州市般润文化传播有限公司
787mm×1092mm 1/16 印张9½ 字数234千字 2024年 9月北京第1版第9次印刷

购书咨询:010-64518888   售后服务:010-64518899
网   址:http://www.cip.com.cn
凡购买本书,如有缺损质量问题,本社销售中心负责调换。

定 价:38.00元

前言

　　为了适应我国汽车维修行业技能型紧缺人才培养的需要，满足中等职业学校、高职高专院校以就业为导向办学目标的要求，同时，也为了配合学校汽车专业开展一体化教学的需要，在汽车专业课程模块化改革的基础上，根据所制定的教学大纲，组织专业骨干教师编写了本书。

　　《汽车认识》主要介绍了常用的汽车维修工具设备的使用，汽车各大总成的构造与认识和汽车文化等相关内容。本书由蔡昶文、陆松波主编，喻勇、邬爱忠等参编。本教材在编写过程中，得到了各有关兄弟院校大力支持。同时，还得到了有关专家的指导。在此，我们一并表示衷心的感谢！本教材可供各技工学校、中等职业学校、高职高专院校汽车专业教学使用，也可作为业余培训、企业培训用教材，还可以作为维修人员的自学用书。

　　由于编者水平所限，难免会出现疏漏之处，恳请广大读者对本教材提出宝贵的意见和建议，以便再版时能修订改正。

编　者

Contents
目录

模块 三 汽车整体认识 /039

Contents
目录

目录

Contents
目录

模块一
世界汽车发展史

一、汽车的产生与发展

1.汽车的发明

1886年是不同寻常的一年，这一年，德国人卡尔·本茨研制的0.9马力（1马力为735.499W）的三轮汽车取得了帝国专利证书（图1-1-1），同年，另一名德国人戴姆勒也试驾了他发明的四轮汽油汽车（图1-1-2），从此，汽车开始改变这个世界。

(a) 卡尔·本茨　　　　　(b) 第一辆三轮汽车

图1-1-1　卡尔·本茨和第一辆三轮汽车

(a) 戴姆勒　　　　　(b) 第一辆四轮汽车

图1-1-2　戴姆勒和第一辆四轮汽车

从卡尔·本茨制造出的第一辆三轮汽车以每小时18km的速度，到现在加速到时速100km只需要3秒的超级跑车，100多年来，汽车业经历了3次变革：1914年美国福特汽车公司安装汽车装配流水线，带来了汽车工业史上的第一次变革；20世纪50年代战后的经济繁荣使汽车业进入了前所未有的黄金时期，给汽车带来了第二次变革；20世纪60年代末，日本汽车工业出现奇迹，物美价廉的汽车使汽车工业发生了第三次变革。

2.大众化之路

1908年，亨利·福特开始出售著名的"T"型车（图1-1-3），这种车产量增长惊人，最重要的是，这种车简单实用、材料出众。这种车用钒合金钢制造，轻巧结实，脚踏变速器操作十分方便，大大提高了汽车驾驶者的舒适度。

图1-1-3　福特的T型车

与汽车本身同样不同凡响的是福特汽车公司的生产方式。1913年，福特汽车公司首次推出了流水装配线的大量作业方式，使汽车成本大幅下降，汽车价格比当时欧洲所产的汽车便宜了1/3 ~ 1/2。汽车不再仅仅是贵族和有钱人的豪华奢侈品，开始逐渐成为大众化的商品。

当时，福特汽车公司生产的V-8型汽车每辆售价仅为465美元，而一名教师的年薪是800美元以上。亨利·福特的宗旨是："薄利多销总会比少卖多赚好得多，这能够使更多的人找到工作。"他的梦想是，让所有的人都能拥有汽车。

3.设计推陈出新

第二次世界大战使得欧美各国的民用汽车业几乎完全停顿下来。直到20世纪50年代，汽车业才终于又活跃起来。

最早的变化出现在汽车外形设计上，20世纪50年代的汽车变矮了、变宽了，似乎是紧紧地趴在地面上。给后人印象最为深刻甚至引为笑谈的还有那种50年代特有的尾翼。尽管只是微微地隆起，并不十分引人注目，但在用户或设计师的眼里，它似乎给人以高速的感觉，爱赶时髦的克莱斯勒还对此大力发挥，竟把喷气战斗机的三角形垂直尾翼移植到车尾。各大汽车公司纷纷加入这场尾巴之战，比赛谁的尾巴翘得更高，结果弄得后翼几乎延伸到车顶之上。这些夸张的车体设计尽管在技术上毫无意义，但却性格鲜明，成为该时期的经典之作。汽车外形举例如图1-1-4所示。

比外形变化更深刻的是体制的变化。1945年9月21日，福特二世正式接替祖父担任福特汽车公司的董事长，随即便对旧体制进行大清洗，有千余人被辞退。面对每月1000万美元的巨额亏损，亨利·福特二世大胆地引进了以查尔斯·桑顿为首的10位青年军官。这批不懂汽车的高级职员整天在公司各部门东游西荡地到处发问颇有点令人讨厌，然而正是这些人给公司带来了成本核算、市场统计以及计划编制等一系列财务制度。此外，福特二世又从通用挖来了欧内斯特·布里奇等"血管里流着汽油"的老手，直接取竞争对手的所长。

(a) 楔形汽车

(b) 火箭形汽车

(c) 流线形汽车

图 1-1-4　汽车外形举例

4. 丰田汽车模式

1933年，丰田纺织厂设立汽车分部，并决定在3年后开始制造汽车。在汽车制造方面，丰田实在没有多少经验。但聪明的丰田坚守一个信条：模仿比创造更简单。如果能在模仿的同时给予改进，那就更好。丰田认为，首先必须生产安全、牢固、经济、传统的汽车，而不是创新性的产品。在很长一段时间内，丰田车都具有这样的特点。

1955年，丰田推出一款设计精巧、排量为1.5L的小轿车。命名为皇冠RS，2年后又以Toyopet的名称将其出口到美国。其实该车极为传统，没有使用任何现代技术，只是做得十分精巧而已，价格也不贵。价廉物美的丰田车就此风行全球市场，1961年，丰田的汽车产量还只有20万辆，10年后便猛增至200万辆，翻了10倍。

5. 未来汽车发展趋势

（1）电动汽车将进入实用阶段。随着低价高能的新型电池的研究发展，以及人们对环保的强烈呼声，电动汽车将越来越多地在各大城市取代石油能源汽车而成为一种代步工具。

（2）汽车安全标准将会更加严格。为保证汽车安全，今天选装或正在研发的许多安全装置，如ABS、EBS、智能气囊（含侧面）、三点自动上肩式安全带、防侧撞杆等均将逐渐成为标准装备。

（3）汽车排放控制标准将会更加严格。降低油耗也将成为各大汽车制造厂商制胜市场的首选课题。随着近年国际燃油价格的不断攀升，低油耗车型成为市场上的抢手货。

（4）使用更多的替代钢、铁的轻质材料，以降低车辆自重。铝合金、镁合金、工程塑料及碳素纤维等轻质材料在汽车制造上的应用将越来越多。

（5）各种电子、电控、智能装置将越来越多地应用在汽车上。如电子防盗门锁、电控可变技术、智能驾驶等，无所不有。

（6）通信、网络技术在汽车、尤其是商用车上应用越来越普遍。

二、大众（德国）

大众汽车历史

1937年3月28日，费尔迪南特·波尔舍在奔驰公司的支持下创建了大众开发公司。

1945年6月中旬，大众汽车公司的甲壳虫汽车投入大量生产。1955年，第一百万辆甲壳虫下线。1972年2月甲壳虫以15007034辆的记录，超越福特汽车公司Model T车型在1908 — 1927年所创下的传奇纪录。

1973年，新一代大众汽车的首款车型帕萨特（Passat）投入生产，它采用四轮驱动和水冷四缸引擎，引擎调校范围达110bhp。标准化的组件可同时应用于多款不同的车型，从而带来显著的规模经济效应。

1974年1月，首辆Golf在沃尔夫斯堡亮相。"高尔夫"车生产线1983年创下了在不足5个月的时间里生产10万辆轿车的世界纪录。截至1988年6月，累计生产1000万辆。

1983年6月，第二代Golf开始生产。该款车型在设计上非常适合于高度自动化的装配流程，在特别建立的最后装配车间（Hall 54），机器人首次应用于汽车制造中。

1999年7月，Lupo 3L TDI的推出标志着首款耗油率仅3L/100km的量产车问世，大众汽车公司再次在汽车业的发展史上写下浓重的一笔。

2002年8月，在Volkswagen Slovakia，一款豪华越野车Touareg开始量产，标志着大众品牌正式进入一个全新的市场领域。

2002年12月，"Auto 5000 GmbH"公司（经营着集团在沃尔夫斯堡的一间工厂）开始Touran小型厢型车的生产。公司制定了一种特别的集体支付模式，旨在实施精益生产，涉及扁平化的组织结构、团队合作、灵活的工作时间和鼓励工人们在生产改进中扮演更积极的角色。

图1-1-5 大众汽车

2003年，第五代Golf开始生产，在其设计中体现一种新的活力观。

大众公司拥有两大著名品牌群：大众和奥迪。目前在全球18个国家拥有45间制造工厂：集团在欧洲的11个国家和美洲、亚洲及非洲的7个国家共经营着45家制造工厂。全球雇员总数超过336000人，每个工作日可生产超过21500辆汽车，同时提供各类汽车相关服务。大众汽车的产品在全球超过150个国家均有销售。

大众汽车如图1-1-5所示。

大众汽车集团在中国的合资企业：上海大众和一汽大众

1984年10月成立的上海大众汽车有限公司（简称上海大众）是上海汽车集团公司与大众汽车公司的合资公司，主要生产车型有桑塔纳、帕萨特、波罗、高尔、途安及斯柯达等。

一汽大众汽车有限公司（简称一汽大众）是大众汽车公司与中国第一汽车集团公司的合资公司，主要整车产品有捷达、宝来、高尔夫、开迪、速腾、迈腾、奥迪等系列。

三、奥迪（德国）

奥迪汽车历史

奥迪是20世纪20年代由奥迪、霍希、DKW和漫游者4家汽车公司组成的汽车联盟。

1938年，发动机性能优越的奥迪920汽车投放市场。其装配的最新开发的OHC发动机功率达75kW，车速最高达140km/h。

20世纪30年代推出的DKW Front车型一直是德国最受欢迎的、最畅销的汽车。这种车型的汽车售出量达25万辆。

霍希公司生产的Horch 8采用V8发动机、3.0L排量。排量后来提高到3.5L和3.8L，加上一个独立的前置悬挂，被很多人认为是有史以来最漂亮的Horch汽车。

1964年起，新汽车联盟出售给了大众汽车股份公司。

1980年，随着奥迪独家技术——永久四驱系统的应用，第一批量产全时四驱车引起了轰动。1982年，奥迪赢得极具挑战性的世界汽车制造商锦标赛德国品牌第一名；1983年，一辆奥迪四驱汽车成为世界汽车拉力赛的冠军。

1982年，奥迪创造了另一项纪录：第三代奥迪100汽车风阻系数降低至0.30，成为世界上量产轿车中空气动力性能最佳的车型。

1986年秋天，全电镀车身的新奥迪80型汽车投放市场，这种技术能保证汽车10年不生锈，在同级别汽车中树立了新标准。

1992年，一辆装配TDI涡轮增压柴油发动机技术的奥迪80 TDI轿车环游世界，行驶了40273km，平均百公里油耗只有3.78L，平均时速为85.8km/h。

1994年3月，全铝车身的奥迪A8首次公开亮相。同年，奥迪A6和奥迪A4投放市场，取得了巨大的成功，1995年，仅在德国就售出120000辆。

2000年6月，奥迪A2投放市场，该款车型再次巩固了奥迪在轻型铝车身方面的竞争力。同年10月，公司又一个主打车型——奥迪A8W12在巴黎汽车展上亮相。

2002年投放市场的新款奥迪敞篷跑车和新奥迪A8则突出了奥迪车的运动特性，而这一特性在奥迪RS6车型上得到了完美的体现。

奥迪汽车如图1-1-6所示。

图 1-1-6 奥迪汽车

四、奔驰（德国）

奔驰汽车公司创立于1926年，创始人是卡尔·本茨和戈特利布·戴姆勒。它的前身是1886年成立的奔驰汽车厂和戴姆勒汽车厂。1926年两厂合并后，叫戴姆勒-奔驰汽车公司。

1926年至今，奔驰公司不追求汽车产量的扩大，只追求生产出高质量、高性能的高级别汽车产品。在世界十大汽车公司中，奔驰公司年产量最小，不到100万辆，但它的利润和销售额却名列前5名。

1886年1月29日，卡尔·本茨成功地为他所研制的0.9kW的三轮汽车取得了第37435号帝国专利证书。从此，汽车诞生了。同年，在德国西南部的Cannstatt，与卡尔·本茨素未谋面的戈特利布·戴姆勒首次试驾了他所制造的三轮汽车。

1886年的1月29日，德国工程师卡尔·本茨为其机动车申请了专利。同年10月，卡尔·本茨的三轮汽车获得了德意志专利权。这就是公认的世界上第一辆汽车。

20世纪70年代以来，奔驰的轿车已发展为多品种系列，共分：A级微型轿车；C级小型轿车；E级中型轿车；S级大型豪华轿车。以发动机及排量区别型号，例如C200型轿车的发动机排量是1998mL，C250D型轿车的发动机排量是2497mL，D指柴油发动机。另外还有跑车系列SLK、CLK、SL、CL，多用途厢体车系列M和V级车等。

在德国十大名牌产品中，奔驰名列第一位，在世界十大名牌产品中，奔驰排名第三。奔驰甚至成了德国货的代名词。如果稍加留意就会发现，奔驰汽车很少做广告，对此，奔驰人的解释是："我们的质量就是最好的广告。"

1959年，奔驰开始进行整车撞击试验，现在每年大约进行7000多次模拟撞击，100余次真车撞击，35年来共撞坏了4000多辆车，每次撞击大约要花几万马克；1980年，奔驰首次在S级轿车上作为选装件安装了安全气囊；1984年，奔驰公司研制出的安全带感应器首次被作为标准配件安装在了奔驰轿车上；1995年奔驰又推出了方向盘电子稳定器（ESP）；奔驰汽车公司还是最早研制出被称为革命性的安全发明——车轮防抱死系统（ABS）的公司之一……

奔驰的荣誉。到1993年止，奔驰车在各种世界性汽车比赛中76次获胜，17次打破世界纪录。1973年，"梅塞德斯"以其尖端的技术，被世界汽车制造业选为"本年最佳汽车"。

1998年，与美国的克莱斯勒公司合并成"戴姆勒·克莱斯勒"公司。

1999年，梅赛德斯-奔驰CL单排座双人轿车：首辆装有主动悬挂控制（ABC）的车型。

2001年，SBC电液制动系统首次应用于大规模生产。

2002年，推出驾驶员及乘客保护预防性安全系统（PRE-SAFE），并应用于新S级车型上。

奔驰汽车如图1-1-7所示。

图1-1-7　奔驰汽车

五、宝马（德国）

BMW的前身是一家飞机工厂，1916年3月7日成立，最初以制造流线型的双翼侦察机闻名于世。公司始创人吉斯坦·奥托，其父就是大名鼎鼎的四冲程内燃机的发明家。

1918年11月，第一次世界大战结束，德国成为战败国，他们的飞机被"凡尔赛条约"列为"战争武器"禁止生产，而宝马车厂要直到1923年方可生产汽车。

1925年，BMW开始研制汽车，1929年7月，BMW推出的首辆汽车303才是真真正正属于BMW的。

1933年，在德国的柏林车展上，BMW展示了他们最新的303型，配用1台6缸、双化油器、气缸容积1173mL，功率可达22kW的高性能双门四座位轿车。

303型之后再延伸至315、319、320及323I型，经过改良后的315型，制动功率增至29kW，外形更像一辆跑车，极速达130km/h，此车还以耗油低、安全和容易操控而驰名于世。

1937年推出的326型，对象是中上阶层的家庭，326也采用双化油器，功率37kW，这款车共生产了16000辆。

BMW的成功，327型和328型跑车是功不可没的，极速高达160km/h，堪称是一辆纯正血统的跑车，也是随时可以下场比赛的一匹宝马。

1939年夏天，325型跑车推出市场，使"年青"的宝马更声名大噪。

1952年10月，BMW终于再投产汽车，制造的汽车是战前的501系四门房车，沿用那台6汽缸2L发动机，单化油器，功率48kW，至于其他设备则是全新，其性能和耐用性获得一致好评。

1954年，BMW推出由501型改良的502型4门车，沿用一台全新V8汽缸发动机，是战后车厂的一次突破。

1961年秋天的法兰克福汽车展上推出的新型1500轿车。这款车在车展上获得了巨大的成功，1500可以在高速公路上以近100英里的时速飞驰，油耗量却只有502 V8系列的一半。它漂亮的外观设计、优异的驾驶表现正适合中产阶级的需求，在二次大战结束17年后，这辆车终于救活了公司。

于1963年推出1.8L版新车取名1800型。

1968年推出双门的2002型，很快它就成了一种时尚。

1969年推出了2002系列燃油喷射车型TII，它的最高时速可达185km。

20世纪70年代早期，宝马开始在慕尼黑建造办公大楼，这代表着它重新回到了德国汽车工业的主导地位。

BMW于1994年收购了英国的MINI，并开始研发新一代的MINI车型。2002年BMW从劳斯莱斯原来的东家大众汽车那里买到了劳斯莱斯这个商标品牌，2003年1月，属于宝马的劳斯莱斯推出了第七代的幻影轿车。

BMW振兴工业行动终于又泛起一片曙光来……

宝马汽车如图1-1-8所示。

图1-1-8 宝马汽车

六、劳斯莱斯（英国）

　　弗雷德利克·亨利·莱斯和查尔斯·斯图瓦尔特·劳斯是劳斯莱斯汽车的创始人，车标中重叠在一起的两个"R"分别代表劳斯（Rolls）和莱斯（Royce）姓氏的第一个字母，体现了两人融洽、和谐的合作关系。

　　1924年，一共生产了6173辆银色魔鬼，这些车辆均由手工制造。劳斯莱斯卓越的设计和严格的品质管理确立了它在世界上的声誉。

　　银色魔鬼之后，劳斯莱斯迎来了幻影时代。1925年5月，幻影I代诞生了。它与前辈车型的骨架基本相同，动力系统采用直列6缸7.7L发动机。在幻影I代诞生后几年，幻影II和幻影II"大陆"也出现了。它们都有着当时很前卫的设计，线条流畅，整体雍容华贵。幻影II在1929年伦敦奥林匹克汽车展中首次登场。1935年10月，幻影III开始生产，这是劳斯莱斯第1次配置12缸7.3L发动机。幻影III的平顺性非常好，高速时声音较小，振动也比一般的12缸车小。1959年，在银云II的基础上，劳斯莱斯推出幻影V。1965年10月，劳斯莱斯展出了劳斯莱斯银色阴影（Silver Shadow）这款新车。劳斯莱斯带着不可磨灭的古典亦或是经典风格，跨入到现代设计的世界中，1971年3月，银色阴影有了一个分支车型，它就是劳斯莱斯滨海道（Corniche）。该车的最高车速达到200km/h，通风盘式制动器第1次在劳斯莱斯车上使用。

1980年，劳斯莱斯汽车公司被维克斯集团（Vickers）收购。同一年，劳斯莱斯又进行了一次品牌换代。银色精灵（Silver Spirit）和银色马刺（Silver Spur）成为车厂新的主角。1988年，劳斯莱斯推出了滨海道Ⅱ，1989年滨海道Ⅲ开始生产。1998年，劳斯莱斯汽车公司被大众收购。

劳斯莱斯汽车如图1-1-9所示。

图1-1-9　劳斯莱斯汽车

七、法拉利（意大利）

1948年，第一辆披着"红鬃烈马"标徽的法拉利赛车，勇夺了意大利的塔卡傅里欧（TARG FLORIO）及米里麦利亚（MILLE MIGLIA）大赛的双项冠军，让法拉利从此一举成名，并接连缔创胜出超过5000场赛事的"跃马传奇"。

法拉利早期（1962—1964年）设计制造的GTO车系，几乎主宰了地表所有的赛道，只要那硕雅的车头一对准起跑线，与赛的对手只有头痛和泄气的份。

20世纪50年代，法拉利推出了250、275、312、340及375等一级方程式名车，后来又有365 COUPE GTi（1967年）、308 GTB（1975年）等劲车。法拉利车厂从1969年的7月1日起，由福特集团转入菲亚特集团，成为该集团专责研发F1及超级跑车的尖端部门。

1986年6月6日，世界最快的量产跑车之一的F40超级跑车，举行命名典礼。拥有480马力，极速高达324km/h的F40，是法拉利员工送给恩佐的特别生日礼物，F是法拉利的缩写，40则是纪念法拉利车厂生产跑车40周年。

F40果然不负众望，除在当年的国际车展上大放异彩外，更勇夺利曼大赛的冠军，再一次展现了法拉利高性能、少量生产的造车理念。

就是这股冲劲，让法拉利车厂制造的跑车群，赢得5000场以上的赛事，包括9次F1世界冠军、14座制造车商世界锦标、两座构造车商世界冠军、9次利曼桂冠，以及85场以上一级方程式大赛锦标。如此丰隆的战绩与辉煌的荣耀，堆砌成法拉利在世界汽车大赛里傲视全球的崇高地位，迄今无人能出其右。

法拉利汽车如图1-1-10所示。

图1-1-10　法拉利汽车

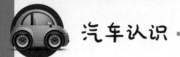
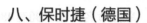

八、保时捷（德国）

保时捷的历史可追溯至1900年，第一部以保时捷为名的汽车正式登场并造成轰动。这部双座跑车是由费迪南德·保时捷（以下简称大保时捷）设计。

1906年，大保时捷在戴姆勒车厂的奥地利分公司担任技术总监的十数年中，设计了多款具有划时代意义的新车，如戴姆勒奔驰的SS和SSK运动车、汽车联合公司的大奖赛车，在德国汽车工业中都是光辉的篇章。大保时捷更在1923年晋升为戴姆勒总厂的总工程师。戴姆勒与本茨车厂于1926年合并为现在的奔驰车厂。

1946年，保时捷的设计公司迁往奥地利，研制出第一部以性能著称的跑车，这即是1948年面世的Porsche356。如同日后推出的保时捷跑车一般，356拥有轻巧的车身、低风阻系数、灵活的操纵性能及气冷式发动机。1951年首次以356赢得勒芒24小时大赛冠军，1963年保时捷历史上最重要的车型911在法兰克福车展面世。

1973年推出双涡轮增压器的917/30，可输出惊人的1100kW。

1977年第25万辆保时捷跑车出厂，推出搭载水冷式前置V8发动机的928，1988年推出911 Carrera 4，搭配电子式4轮驱动系统。

1993年Boxster敞篷小跑车于1996年上市后，即在全球造成一片抢购热潮。1998年，于日内瓦车展展出全新的911敞篷车。

1995年推出911 Taraga及可产生400kW的911 Turbo。

保时捷汽车如图1-1-11所示。

图1-1-11　保时捷汽车

九、福特（美国）Ford

1903年6月，福特汽车公司在底特律宣告成立。年轻的亨利·福特担任总工程师，1906年继任公司总裁。

T型车于1908年10月1日步入历史舞台。亨利·福特称之为"万能车"。成为低价、可靠运输工具的象征，第一年的产量便达到10660辆，打破了汽车业有史以来的所有纪录。

到了1913年末，福特汽车公司的产量已经是全国汽车总产量的一半。为了满足市场需求，福特在工厂实行批量生产，最终每个工作日下线T型车的速度达到每10秒一辆。流动的装配线则引起了一场工业变革。在T型车投产的19年里，仅美国就销售了1500万辆。福特汽车公司在全球牢牢建立了自己作为综合工业巨头的地位。

1932年3月31日推出的第1台V8发动机。福特汽车公司首次成功地将V8缸体铸为一体。而此前专家们告诉福特先生这是做不到的。同时福特汽车及其强大的发动机成为注重汽车性能的美国人的最爱。1949年，福特大约销售了807000辆汽车，赢利由前1年的9400万美元上升到1.77亿美元。这是自1929年以来创下的最高汽车销售纪录。

福特Thunderbird诞生于1955年。人们一下子就被Thunderbird征服了，第1个10日销售期内就下了超过3500份订单。2000年5月，公司确定将在2002车型年建造这款引起轰动的概念车的生产版。

在1964年的发布会上，福特推出的Mustang引起了轰动，第一个百日内带来了10万辆的销量。当年的总销售量创下了418812辆的纪录，远远超出市场研究预测的10万辆。

在20世纪80年代石油价格飞涨，福特二款既省油又标新立异的汽车：福特Taurus和水星（Mercury）Sable的问世。这两款车型为汽车工业日后的空气动力设计潮流奠定了基础。Taurus当选为1986年"年度汽车"，并在1992—1996年期间雄踞"全美最畅销汽车"的宝座。

1979年1月1日，获得了马自达25%的股权。

1989年12月1日，收购捷豹汽车。投入重金振兴这一英国名贵轿车品牌，终于使捷豹的年产销量突破10万辆。

1994年2月，中国业务部成立。

1996年12月，福特汽车拥有江铃汽车股份有限公司30%的股份。

2001年4月，长安福特汽车公司成立，双方各拥有50%的股份。

如今的福特汽车公司是世界最大的汽车企业之一。它的汽车品牌有福特、林肯、水星、阿斯顿·马丁、捷豹、马自达、沃尔沃和陆虎。福特汽车公司的制造和装配业务遍及30多个国家，产品行销200多个国家和地区。

福特汽车如图1-1-12所示。

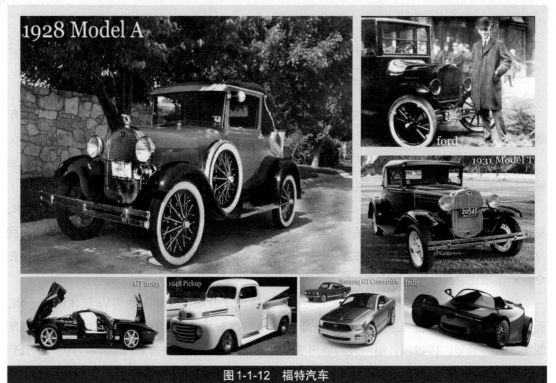

图1-1-12　福特汽车

十、通用（美国）

凯迪拉克是通用旗下的一大品牌，由1902年底特律汽车公司重组并更名为凯迪拉克汽车公司，公司创始人亨利·利兰德。到1906年凯迪拉克汽车公司已成为当时世界上最大、最完善和装备最好的汽车厂。1909年凯迪拉克汽车公司加入通用汽车公司。

百年来，凯迪拉克在技术与工艺方面取得的重大突破并对汽车工业产生了巨大且深远的影响。

1908年，凯迪拉克首先实现了标准零件的汽车生产。

1912年，凯迪拉克成为第一家在汽车中装备电子起动、照明和点火装置的公司。英国皇家汽车俱乐部第二次给凯迪拉克公司颁发了 Dewar 奖章，并永久性地授予凯迪拉克公司"世界标准"的荣誉称号。凯迪拉克是第一家也是唯一一家被皇家汽车俱乐部授予该称号的公司。

1914年凯迪拉克推出美国第一台8缸发动机。1929—1930年推出作为标准设备的同步齿轮系统和安全玻璃。

20世纪30年代末，通用公司的旗舰凯迪拉克是美国历来打造得最大、最好的房车，V16大排量的发动机为当年的跑车所装载。

1949年底，凯迪拉克公司生产出第100万辆凯迪拉克汽车。

1953年凯迪拉克的lemans车型推出，该款车具有多项影响后世的革命性创新设计，如流线型的外观设计，记忆座椅功能等。

1964年，凯迪拉克首先开发了汽车冷暖空调系统。

1974年，装备前排安全气囊。

1975年，凯迪拉克成为第一家使用电子燃料喷射系统的美国汽车制造商。

20世纪80年代加长加宽的超豪华凯迪拉克车型成为美国总统的御用座驾。

1990年，凯迪拉克公司被乔治·布什总统授予Baldrige奖章。在1993年和2001年克林顿和乔治·布什先后就任总统后，凯迪拉克秉承白宫座驾之传统而成为他们的专车。

1992年凯迪拉克开发了著名的"北极星"系统。首次采用了路面感应悬挂系统（RSS）以及速度感应式动力转向系统。

1997年开发了具有革命性的OnStar车载信息系统。

2003年凯迪拉克推出世纪概念车Sixteen，代表着凯迪拉克最高科技，搭载16汽缸GM XV16高性能发动机，最大功率达惊人的1000hp，堪称世界超级豪华车的典范。

通用汽车如图1-1-13所示。

图1-1-13　通用汽车

十一、丰田（日本）

丰田喜一郎于1933年投资13万美元成立了汽车部。当时日本还是个不太富裕的国家，只有3家小规模的汽车制造厂，年产量仅几百辆，而美国福特公司每天下线1万辆T型轿车。丰田喜一郎决定涉足汽车制造领域，等经济状况好转便投入生产。

1935年，丰田AI型汽车试制成功。这是一款大型轿车，外壳呈流线型，很美观，模仿当时的克莱斯勒Airflow车型，配备6缸3.4L发动机输出功率为62kW。

1937年，Toyota公司共生产汽车4013辆，其中AA型轿车和AB型敞篷车只占577辆。

1940年，丰田生产了约15000辆汽车，其中98%是客货两用车。当年它推出了一款较为紧凑的新型轿车，配备4缸2.2L48kW发动机，在外形上更接近瑞典的富豪PV60。丰田公司虽然在汽车方面没有多少经验，但却坚守一个信条：模仿比创造更简单，如果能在模仿的同时给予

图1-1-14　丰田汽车

改进，那就更好。喜一郎与其父亲的理念一脉相承，他知道首先必须生产安全、牢固、经济、传统的汽车，而不是创新性的产品。所以在很长一段时间内，所有的丰田车都具有这样的特点。

1945年，日本战败。整个日本经济遭到毁灭性打击，不过丰田公司很快从战争的废墟中振作起来。

1955年，丰田才推出一款设计精巧、排量1.5L的小轿车。命名为皇冠RS，两年后又以Toyopet的名称将其出口到美国。其实该车极为传统，没有使用任何现代技术，只是做得十分精巧而已，加上配置齐全，结实牢靠，价格也不贵。价廉物美丰田车风行全球大市场。

1962年，丰田开始进军欧洲。这一年，丰田汽车产量首次突破了百万辆大关。20世纪60年代是丰田大发展的时代，其汽车产量1961年还只是20万辆，10年后便猛增至200万辆，翻了10倍，一跃成为世界第三大汽车制造商。

丰田在世界上许多国家都开设工厂。继在美国、秘鲁、南非、泰国设厂之后，丰田1991年在中国办厂，1993年在英国办厂，2001年在法国办厂。目前丰田在全世界开办的汽车制造厂总数已达56家。

为了同奔驰及宝马竞争，丰田公司决定创立一个新的高档品牌，并将它命名为凌志。第一辆凌志是1989年在底特律车展推出的，其设计灵感来自奔驰。这就是凌志V8，它稳重、豪华、精细、高档，售价却比同级的奔驰便宜30%。美国人很快就喜欢上了凌志车，尤其欣赏其无与伦比的性能价格比和令人惊讶的低噪声。

丰田汽车如图1-1-14所示。

十二、本田（日本）

本田的原身是一家摩托车生产厂家，1951年10月，本田"梦"E型机车开发成功，这是日本第一部4冲程引擎机车，这款高功率OHV式引擎，领先日本其他机车厂10年之遥。

1959年6月，本田工业投资成立了美国本田机车公司。

1960年7月，本田创立了"研究发展中心"，并正式更名为"本田技研工业"，次年6月，本田机车囊括曼岛机车大赛125cc及250cc组第一至第五名锦标，就是最好的证明。在世界性的机车大赛中一再夺魁，使得本田朝向高一级的汽车世界伸展雄心。首先是1963年8月，T360型轻卡车问市，同年10月间，轻型跑车S500推出。次年1月间，更强劲的S600跑车现身，本田更囊括了50、125、250、350及500cc各组的冠军，造就机车赛车史上的空前佳绩。接着，1967年3月，使用气冷式引擎，可以输出31kW，极速达115km/h的N360型小轿车推出，塑造了经济、省油的"本田汽车"的良好形象。

1967年7月，配置CVCC引擎的第一代喜美车上市，这款高燃率而低公害的引擎，竟然符合预定3年后实施的美国废气排放标准。自从1965年在墨西哥GP大赛中，代表日本的赛车初获F1冠军后，在F2赛车方面，本田赛车于1966年的全球赛事中连胜8场，1967年则连胜11场。1984年7月，本田F1赛车勇夺美国达拉斯GP大赛冠军，1982年11月，在俄亥俄州开工生产雅阁汽车，初期年产6万辆，而今已成为美国仅次于通用、福特的第三大汽车厂。并且于1988年4月，将在美国制造的双门雅阁跑车回销日本，造成世界车坛极大的轰动。本田的Accord和Civic牌汽车历年来被用户评为质量最佳和最受欢迎的汽车。阿库拉（Acula）是本田汽车公司高档车的销售系统。传奇（Legend）牌轿车是美国人喜欢的车型之一。

"本田技研"在全世界拥有84000名从业员。使本田名列世界第九大汽车制造商。

本田公司素有日本汽车技术发展的"排头兵"之称。本田的电子陀螺仪是世界上最先应用在汽车上的导航装置。它可以在荧光屏上显示地图以及行车路线，还可以确定汽车的位置。四轮防侧滑电子控制器、自动控制车身高度电子装置和符合涡流调整燃烧发动机都是世界上汽车高技术的领先成果。

随着本田ACURA NSX跑车攻入美国汽车消费市场金字塔的顶端—超级跑车客层，本田汽车已完全成功的打进世界两大车市之一的北美汽车市场。

本田汽车如图1-1-15所示。

图 1-1-15 本田汽车

十三、日产（日本） NISSAN

　　1933年12月，日本产业公司、户田铸物公司注册成立"汽车制造股份公司"，鲇川义介成为公司首任社长。

　　1934年5月，"汽车制造股份公司"更名为"日产汽车公司"。日产汽车最早生产的汽车其实就是原户田铸物汽车部大阪工厂生产的产品，是一款名为"DATSUN"的小型货车。

　　1934年，日产汽车开始横滨新工厂的建设，并在日本汽车企业中率先实现流水线生产，1936年，横滨工厂生产"DATSUN"6163辆，日产汽车生产规模首次超过5000辆。

　　1952年，日产汽车与英国奥斯汀汽车进行技术合作，开发出技术水平明显提高的"DATSUN"210型轿车，该款车一经推出即在竞争激烈的澳大利亚拉力赛中勇夺桂冠。

　　"DATSUN"210之后，日产汽车又经过大量工作开发出一个全新的轿车产品——蓝鸟310。

图1-1-16　日产汽车

1959年蓝鸟1000、蓝鸟1200同时在日本上市，并出现了持续旺销的局面。可以说，详尽的市场分析、精细的技术开发加上完善的促销手段，使蓝鸟一举成名。

1966年，日产汽车在日本历史上首次公开征集车名，从848万应征信中选定"SUNNY"作为新开发产品的名称。

蓝鸟和阳光之后，在30多年的时光中，日产汽车又相继开发出多个系列、多个名称的产品。目前，日产汽车在全球范围内共拥有轿车、越野车、MPV和商用车在内的30多个系列产品，其中轿车有总统、无限、风雅、天籁、阳光和声名卓著的Z系列等，越野车产品包括途乐、奇骏和PATHFINDER等，MPV有贵士（QUEST），商用车则有佳碧、碧莲产品等。

1999年，日产汽车由法国最大的汽车工业集团雷诺汽车购得36.8%的股份，组建雷诺-日产汽车联盟。

雷诺-日产联盟组建后，雷诺汽车的副总裁、素有"成本杀手"和"商业奇才"之称的卡洛斯·戈恩出任日产汽车营业主管。在卡洛斯·戈恩的领导下，日产汽车仅用两年时间就扭亏为盈完成了日产"复兴计划"，并且在日产汽车的2000财政年度就让公司实现了"奇迹般"的27亿美元的运营利润。

2004年，日产汽车的全球销售为338.8万辆，以日产销售为主体的雷诺-日产联盟，已经成为全球第四大汽车制造集团。

到2007财政年度结束为止，日产汽车的全球销量达到420万辆，继续在全球汽车制造商中保持最高水准的营业利润率。

日产汽车如图1-1-16所示。

十四、现代（韩国）

现代汽车公司是韩国最大的汽车企业，世界20家最大汽车公司之一。创立于1967年12月，创始人郑周永。公司总部在韩国首尔，汽车年产量100万辆，主要产品有小马牌、超小马牌、斯拉塔牌小客车及载货车。

到了20世纪70年代早期，现代汽车的第一个自主车型Pony投产，这款微型汽车在国内获得了巨大成功，并且令现代汽车雄踞国内市场首位长达20年之久。

20世纪80代初期，现代汽车公司投资对其蔚山工厂进行大规模扩建，这令工厂实现了从小批量生产到大批量生产的重要转变。至80年代中期，现代进军美国市场。至1990年，公司对美国的累计出口量已逾100万辆之多。

现代汽车非常注重自身技术的发展，到20世纪90年代验证了当初决策的正确。1991年，现代汽车公司发布了其首个内部独立设计的动力总成——Alpha型发动机。1998年，随着EF Sonata和XG车型的推出，现代汽车公司的新车型获得了成功，并在国际新闻界中得到最高的推崇。这期间公司收购起亚汽车厂以及与HPI和HMS的合并令现代汽车达到在全球市场中竞争所需的经济规模。1999年推出其4款最新车型：Centennial、新Accent、Coupe改进型和Trajet。

2001年7月，现代汽车公司最大的海外工厂之一印度Chennai的工厂开始生产New

Sonata（索纳塔）。并且，现代汽车公司开始在土耳其分公司大批量生产H-1商用车，还把已经在我国建立的主要生产悦达起亚普莱特、千里马的江苏悦达起亚汽车公司交给起亚汽车管理。2002年，现代汽车公司与北京汽车工业控股有限责任公司合资建立了在中国的第二家分厂，即北京现代汽车有限公司。北京现代汽车有限公司的年生产能力为10万辆，2005年将产量提高到20万辆。最初生产车型为现代的New Sonata（索纳塔），2003年底生产的Elantra（伊兰特），上市伊始便供不应求。

现代汽车如图1-1-17所示。

图1-1-17　现代汽车

模块二

汽车常用工具设备

课题一　常用工具的使用

一、常用工具使用

1.开口扳手

开口扳手是汽车保养中最常用的工具之一，如图2-1-1所示。在保养中螺栓、螺帽的拆装都要用到开口扳手。选择开口扳手时应特别注意其质量，如果开口扳手质量不好，使用中很容易"开口"且易将螺栓或螺帽的棱角损坏，使螺栓或螺帽无法拆装。

常用的开口扳手尺寸型号有：6-9、8-10、9-11、12-14、14-17、13-15、17-19、21-23、22-24等。

2.梅花扳手

梅花扳手也是保养工作中最常用的工具之一，如图2-1-2所示。梅花扳手的工作部分是封闭

图2-1-1　开口扳手

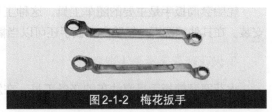

图2-1-2　梅花扳手

的环状，用起来对螺栓或螺帽的棱角损坏程度小，使用比较安全。但使用时必须注意，由于梅花扳手比较容易用上力，切勿用大力，以防扭断螺栓。梅花扳手有高桩和矮桩两种，一般来说矮桩比较好用，但这也是因人而异。

常用的梅花扳手尺寸型号有：6-9、8-10、9-11、12-14、14-17、13-15、17-19、21-23、22-24等。

3.套筒扳手

套筒扳手是使用最方便的工具，如图2-1-3所示。套筒扳手使用灵活而且安全，使用中螺帽的棱角不易被损坏。套筒扳手可以任意组合使用，特别是在使用空间小的地方，只有套筒扳手才能解决问题。套筒扳手常用的尺寸为6 ~ 24mm。

4.活动扳手

活动扳手如图2-1-4所示，它的开口尺寸在一定范围内任意可调。在工具不称手的时候，活动扳手有一定的用途。使用时，尽量使用梅花扳手和开口扳手。不得已使用活动扳手时，一定要调整好开口的尺寸使之与螺栓棱角配合，小心使用，以防损坏螺栓棱角。

常用的尺寸型号有：200-24mm、300-36mm等规格。

5.内六角扳手

内六角扳手是用来拆装内六角螺栓（螺塞），如图2-1-5所示。规格以六角形对边尺寸S表示，有3 ~ 27mm尺寸的13种，汽车维修作业中使用成套内六角扳手拆装M4 ~ M30的内六角螺栓。

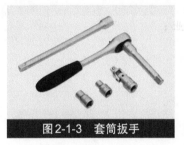

图2-1-3 套筒扳手

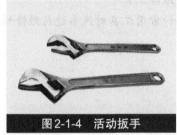

图2-1-4 活动扳手

图2-1-5 内六角扳手

6.扭力扳手

扭力扳手是一种可读出所施扭矩大小的专用工具，如图2-1-6所示。其规格是以最大可测扭矩来划分的，常用的有294N·m、490N·m两种。扭力扳手除用来控制螺纹件旋紧力矩外，还可以用来测量旋转件的起动转矩，以检查配合、装配情况，如北京492Q发动机曲轴起动转矩应不大于19.6N·m。

7.轮胎套筒扳手

轮胎套筒扳手是主要的随车工具。这种工具结构简单、使用方便，主要用于轮胎的拆卸与安装。在其他情况下，轮胎套筒扳手还可以当橇杠使用。

8.火花塞套筒扳手（图2-1-7）

火花塞套筒扳手是汽油车的必备工具。在发生火花塞故障或检查保养时，没有火花塞套筒扳手，根本无法工作。

火花塞套筒扳手又称圆顶锤，其锤头一端平面略有弧形，是基本工作面，另一端是球面，用来敲击凹凸形状的工件。规格以锤头质量来表示，以 0.5 ～ 0.75kg 的最为常用。

9.机油滤清器扳手（图 2-1-8）

这是一种滤清器的专用工具，通常要到汽车配件商店才能找到。在更换机油滤清器、柴油滤清器等作业时，没有这种工具，是无法开展工作的。

图 2-1-6 扭力扳手

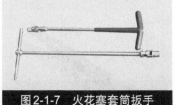

图 2-1-7 火花塞套筒扳手

图 2-1-8 机油滤清器扳手

10.鲤鱼钳

鲤鱼钳的前部是平口细齿，适用于夹捏小零件，中部凹口粗长，用于夹持圆柱形零件，也可以代替扳手旋小螺栓、小螺母，钳口后部的刃口可剪切金属丝，由于一片钳体上有两个互相贯通的孔，又有一个特殊的销子，操作时钳口的张开度可很方便地变化，以适应夹持不同大小的零件，是汽车维修作业中使用最多的手钳，规格以钳长来表示，一般有 165mm、200mm 两种，用 50 钢制造，如图 2-1-9 所示。

11.钢丝钳（图 2-1-10）

钢丝钳的用途和鲤鱼钳相仿，但其支销相对于两片钳体是固定的，故使用时不如鲤鱼钳灵活，但剪断金属丝的效果比鲤鱼钳要好，规格有 150mm、175mm 和 200mm 三种。

12.尖嘴钳（图 2-1-11）

因尖嘴钳头部细长，所以能在较小的空间工作，带刃口的能剪切细小零件，使用时不能用力太大，否则钳口头部会变形或断裂，规格以钳长来表示，常用 160mm 一种。选择手钳时应尽量选择稍大一点的较好。

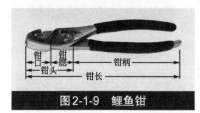

图 2-1-9 鲤鱼钳

图 2-1-10 钢丝钳

图 2-1-11 尖嘴钳

13.卡簧钳

在汽车修理中经常遇到不同形状和不同尺寸的弹性挡圈，用来保持各装配部件安装位置固定不变，维修中为了使弹性挡圈拆装方便，会用到不同的卡簧钳（图 2-1-12）。

14. 大口钳（图2-1-13）

大口钳的开口尺寸在一定范围内可以任意调整，非常适用于圆状零件的夹持，在许多情况下，可用来代替其他工具。

15. 起子（图2-1-14）

起子分为"十"字、"一"字和"*"梅花头等三种。其中前两种比较常见，后一种在英国进口汽车上使用较多。起子柄有贯通形和非贯通形两种。在准备工具时，将各种起子大小尺寸各准备一只为好。

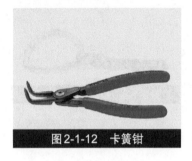

图2-1-12　卡簧钳

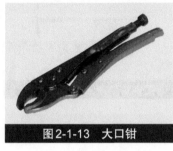

图2-1-13　大口钳

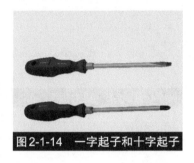

图2-1-14　一字起子和十字起子

16. 手锤（图2-1-15）

手锤一般应预备铁锤和橡胶锤两种。铁锤用于粗重物体和需要重击的地方，橡胶锤则用于容易损坏的地方，两者的使用应视情形安排。

17. 油壶、油盆

油壶和油盆（图2-1-16）是汽车保养作业必不可少的工具。油壶可以在五金商店里买到；油盆则可以用家用的洗面盆代替，或自己用薄铁板做一个。

18. 铜棒（图2-1-17）

敲打车身或其他零部件时，为了不让锤子直接敲打而损坏机械部件，往往用铜棒顶住间接锤打，利用铜的柔软性而不会伤损部件表面。

图2-1-15　锤子

图2-1-16　油盆

图2-1-17　铜棒

19. 轮胎橇杠

这种工具结构简单、使用方便，主要用于轮胎的拆卸与安装。

20. 千斤顶

车上经常使用的千斤顶种类比较多，小型车多用机械式的，大型车多用液压式的（图2-1-18）。

使用千斤顶一定要注意顶车的位置和支车的高度，保证安全。

21.拉器

拉器用来完成三种工作：把物体从轴上拉出，把物体从孔中拉出，把轴从物体中拉出。图2-1-19所示为两种常见的拉器。

22.活塞环压缩器（图2-1-20）

活塞环压缩器是活塞装配时要使用的一种专用工具。活塞环装上活塞后，用活塞环压缩器把活塞环压缩成活塞大小连同活塞一同装入气缸内。

图2-1-18　液压千斤顶

图2-1-19　两种常见的拉器

图2-1-20　活塞环压缩器

23.气门弹簧拆装工具（图2-1-21）

气门弹簧拆装工具用于发动机大修时，是拆装气门弹簧的一种专用工具。

24.磁力棒（图2-1-22）

磁力棒一端有磁力，在汽车修理过程中，经常会遇到一些小螺丝钉掉到汽车机体的夹缝里，磁力棒可以方便地拾取这些小螺丝钉。

图2-1-21　气门弹簧拆装工具

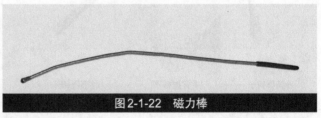
图2-1-22　磁力棒

二、工具的正确选用及使用注意事项

1.扳手类工具

（1）所选用的扳手的开口尺寸必须与螺栓或螺母的尺寸相符合，扳手开口过大易滑脱并损伤螺件的六角，在进口汽车维修中，应注意扳手公英制的选择。各类扳手的选用原则，一般优先选用套筒扳手，其次为梅花扳手，再次为开口扳手，最后选活动扳手。

（2）如图2-1-23所示，为防止扳手损坏和滑脱，应使拉力作用在开口较厚的一边，这一点对受力较大的活动扳手尤其应该注意，以防开口出现"八"字形，损坏螺母和扳手。

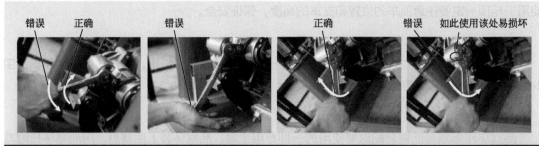

图2-1-23　扳手的正确使用方法

（3）普通扳手是按人手的力量来设计的，遇到较紧的螺纹件时，不能用锤击打扳手。除套筒扳手外，其他扳手都不能套装加力杆，以防损坏扳手或螺纹连接件。

2.起子

（1）起子型号规格的选择应以沟槽的宽度为原则，不可带电操作。使用时，除施加扭力外，还应施加适当的轴向力，以防滑脱损坏零件。不可用起子撬任何物品。

（2）在使用螺丝刀拆装螺丝钉时，把螺丝刀垂直地顶在螺丝钉的头部上，一边用力地顶压着，一边转动螺丝刀。不要斜着去拧螺丝钉，否则可能会对螺丝刀和螺丝钉造成伤害。

3.手锤和手钳

（1）使用手锤时，切记要仔细检查锤头和锤把是否楔塞牢固，握锤应握住锤把后部。挥锤的方法有手腕挥、小臂挥和大臂挥三种，手腕挥锤只有手腕动，锤击力小，但准、快、省力，大臂挥是大臂和小臂一起运动，锤击力最大。手锤的正确使用方法如图2-1-24所示。

手腕挥锤子　　　手臂挥锤子　　　肘部挥锤子　　　错误　　　正确

图2-1-24　手锤的正确使用方法

（2）切忌用手钳代替扳手松紧M5以上螺纹连接件，以免损坏螺母或螺栓。

在进行检查保养时，必然要使用各种工具。工具的使用方法不同，很可能使调整或修理的结果不同。刚开始进行维修时，大多数人都不会使用工具，这并不奇怪，但一定要养成正确使用工具的好习惯。

工具精度越高越好。但是对于普通的汽车用户来说，首要的问题是掌握工具的正确使用方法，并不急需各种高档的工具。如果仅仅是进行日常的保养或调整，只要能充分地利用好随车工具，基本上也就足够了。

课题二 常用量具的使用

一、常用量具

1.简单量具

（1）钢直尺　是一种最简单的测量长度，直接读数量具，用薄钢板制成，常用它粗测工件长度、宽度和厚度，常见钢直尺的规格有150mm、300mm、500mm、1000mm等。

（2）卡钳　是一种间接读数量具，卡钳上不能直接读出尺寸，必须与钢直尺或其他刻线量具配合测量，常见卡钳的型式和种类如图2-2-1所示，内卡钳用来测量内径、凹槽等，外卡钳用来测量外径和平行面等。

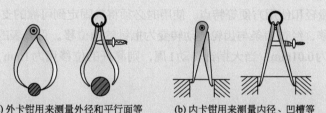

(a) 外卡钳用来测量外径和平行面等　　　(b) 内卡钳用来测量内径、凹槽等

图2-2-1　卡钳的正确使用

2.游标量具

（1）刻线原理和读数方法　游标量具读数部分由尺身与游标组成，如图2-2-2所示。其尺身刻线间距a为1mm，若令尺身刻线$n-1$格的宽度等于游标刻线n格的宽度，则游标的刻线间距$b=(n-1)/n \times a$，而尺身刻线与游标刻线间距宽度差（即游标读数值）$i=a-b=a/n$。当游标在尺身两个刻线间移动时，游标零线离开尺身前一刻线的距离就等于游标刻线的标号和游标读数值的乘积，这个乘积即为读数时小数部分的值，此值加上游标零线前面尺身上的刻度值即为测量结果。常取$n=10$、$n=20$、$n=50$三种，相对应游标读数值i分别为0.10mm、0.05mm、0.02mm。

（2）游标卡尺　其种类和外形结构较多，其规格常用测量范围和游标读数值来表示，比如，某游标卡尺的型号为0～125×0.02，则说明其测量范围为0～125mm，游标读数值为0.02mm，最常用的为三用游标卡尺，如图2-2-2所示，它可以测量内外尺寸、深度、孔距、环形壁厚和沟槽，常用测量范围有0～125mm、0～150mm两种，游标读数值有0.02mm、0.05mm两种。

3.千分尺

（1）分类和结构　千分尺又称螺旋测微器，是一种精密量具，其测量精度比游标卡尺高，且比较灵敏。千分尺按用途一般分为外径千分尺、内径千分尺、杠杆千分尺、深度千分尺、壁厚千分尺、公法线千分尺等。这里以外径千分尺为例介绍（图2-2-3），它是由尺架、测微装置、测力装置和锁紧装置等组成。其规格是按其测量范围来表示的，常用0～25、25～50、50～75、75～100、100～125、125～150（mm）等6种，其分度值一般为0.01mm。一般千分尺均附有调零的专用小扳手，测量下限不为零的千分尺还附有用于调整零位的标准棒。

（2）刻度原理和读数方法　如图2-2-4所示，在千分尺的固定套管轴向刻有一条基线，基线的上、下方都刻有间距为1mm的刻线，上、下刻线错开0.5mm。微分筒的圆锥面上刻有50等分格。由于测微螺杆和固定套管的螺距都是0.5mm，所以当微分筒旋转1圈时，测微螺杆就移动0.5mm，同时，微分筒就遮住或露出固定套管上的一条刻线，当微分筒转动1格时，测微螺杆就移动0.5/50=0.01mm，即千分尺的测量精度为0.01mm。读数时，先从固定套管上读出毫米数与半毫米数，再看基线对准微分筒上哪格及其数值，即多少个0.01mm，把2次读数相加就是测量的完整数值。图2-2-4（a）中，固定套管上露出来的数值是7.5mm，微分筒上第39格与固定套管上基线正对齐，即数值为0.390mm，此时，千分尺的正确读数为7.5+0.390=7.890（mm）；图2-2-4（b）中，千分尺的正确读数为1.5+0.009=1.509（mm）。

4.百分表

（1）结构特点和工作原理　百分表是齿轮传动式测微量具，其结构如图2-2-5所示。它常用来测量机器零件的各种几何形状偏差和表面相互位置偏差，也可测量工件的长度尺寸，具有外廓尺寸小、重量轻和使用方便等特点。使用时必须将其固定到可靠的支架上，其工作原理是将测杆的直线位移，经过齿条与齿轮传动转变为指针的角位移。百分表的刻度盘圆周刻成100等分，其分度值为0.01mm，当大指针转动1周，则测杆的位移量为1mm，表盘和表圈是一体

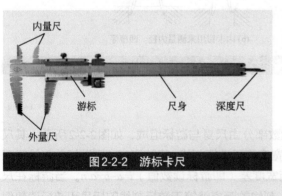

图2-2-2　游标卡尺

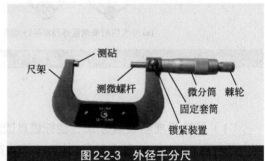

图2-2-3　外径千分尺

（a）7.890mm读数　　（b）1.509mm读数

图2-2-4　外径千分尺的读数

图2-2-5　百分表

图2-2-6　量缸表

图2-2-7　厚薄规（塞尺）

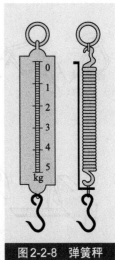
图2-2-8　弹簧秤

的，可任意转动，以便使指针对零位，小指针用以指示大指针的回转圈数。常见百分表的测量范围为0～3mm、0～5mm和0～10mm等。

（2）内径百分表　内径百分表又称量缸表，是一种借助于百分表的读数机构，配备杠杆传动系统或楔形传动系统的杆部组合而成，它是用比较法来测量孔径及其几何形状偏差，其外观和结构图如图2-2-6所示。量缸表主要用来测量气缸的尺寸精度和形状精度，也可以用来测量轴孔。测量时，被测孔的尺寸偏差借活动测头的位移，通过杠杆和传动杆传递给指示横构，因传动系统的传动比为1，因此，测头所移动的距离与指示表的指示值相等。为了测量不同的缸径，常备有不同的量杆。量缸表的规格是按测量直径的范围来划分的，如18～35mm、35～50mm、50～160mm等，汽车维修中常用50～160mm这种。

（3）万能百分表架　百分表架是专门用来夹持百分表的，可变换各种方向，以适应不同方向的测量工作，通常有轨道座式、磁力座式和磁力座软轴式等三种。

5.其他常用量具

（1）厚薄规　又名塞尺，如图2-2-7所示，主要用来测量两平面之间的间隙，厚薄规片上标有厚度的尺寸值，厚薄规的规格以长度和每组片数来表示，长度常见的有100、150、200、300（mm）四种，每组片数有11～17等多种。

（2）弹簧秤　如图2-2-8所示，它是用来测量拉力或弹力的，其外壳的正面刻有量度单位，单位为N·m或kgf，使用时把要测的物体挂在钩上，拉动或提起圆环，弹簧就伸长，固定在弹簧上的指针也跟着移动，即得出测得力的大小。

二、量具的正确选用和使用时注意事项

1.简单量具

（1）钢直尺在使用过程中，应注意防止由视差而产生的误差。

（2）卡钳的正确使用方法如图2-2-9所示。

（3）卡钳使用时应注意的事项如图2-2-10所示。

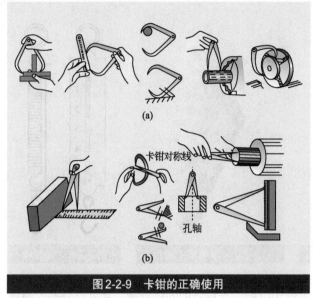

图2-2-9　卡钳的正确使用

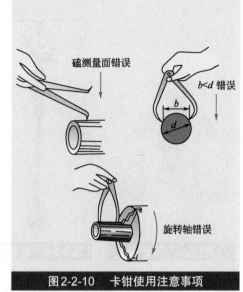

图2-2-10　卡钳使用注意事项

2.游标卡尺

（1）游标卡尺的用途很广，只有正确使用，才能保证其测量精度。测量前应将被测工件表面擦净，同时检查游标卡尺尺身和游标上的零线是否对齐，否则应先标定后再使用。

（2）游标卡尺不能测量旋转中的工件，使用方法如图2-2-11所示。

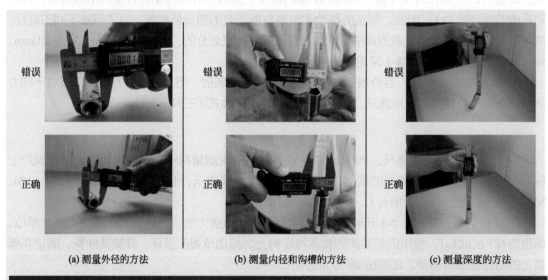

(a) 测量外径的方法　　　　　(b) 测量内径和沟槽的方法　　　　　(c) 测量深度的方法

图2-2-11　游标卡尺的使用方法

（3）绝对禁止把游标卡尺的两个量爪当作扳手或刻线工具使用。

（4）游标卡尺受到损伤后，绝对不允许用手锤、锉刀等工具自行修理，应交专门修理部门修理，经检定合格后才能使用。

3.千分尺

（1）测量前先将测量面擦净，并检查零位，具体检查方法是：用测量装置使量面或量面与标准棒两端接触，观察微分筒前端面与固定套管零线、微分筒零线与固定套管基线是否重合，如不重合，应通过附带的专用小扳手转动固定套管进行调整，图2-2-12所示为调整零位方法。

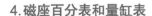

图2-2-12　千分尺零位的调整

（2）测量时，千分尺应摆正，先用手转动活动套管，当测量面接近工件时，改用测量装置的螺母转动，直到听到"咔咔"声为止。

（3）读数时，要特别注意不要读错0.5mm。

（4）不准测量毛坯或表面粗糙的工件，不准测量正在旋转发热的工件，以免损伤测量面或得不到准确的读数。

4.磁座百分表和量缸表

（1）使用磁座百分表测量工件时，必须将其固定在可靠的支架上。

（2）百分表夹装要牢固，夹紧力适当，检查测杆是否灵活，夹紧后不可再转动百分表。

（3）测量时，应使测头处于被测工件表面的正确位置，否则将产生较大的测量误差，正确的位置如图2-2-13所示。

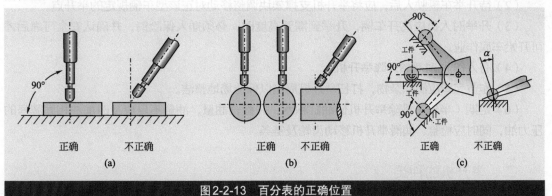

正确　不正确　　正确　不正确　　正确　不正确
(a)　　　　　(b)　　　　　(c)

图2-2-13　百分表的正确位置

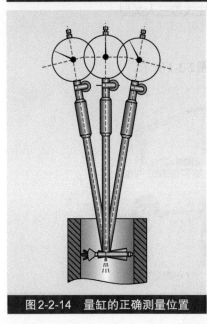

图2-2-14　量缸的正确测量位置

（4）测量时，应轻提测杆，缓慢放下使测头与工件接触，测头抵住被测量面后，应使表针转过1周左右，以保持触头一定的压力，不准将工件强行推至测头下，也不准急速放下测杆，否则将造成测量误差，甚至损坏量具。

（5）用量缸表测量缸径时，先根据缸径选用合适的固定量杆，将量缸表放入缸上部，如果表针能转动1圈左右，则为调整适宜，然后将量杆上的固定螺母锁紧。

（6）测量缸径时，量杆必须与气缸轴线垂直，读数才能准确，为此，测量时可稍稍摆动量缸表，如图2-2-14所示，当指针指示到最小数值时（图中中间位置），即表明量杆已垂直于气缸轴线，记下该处数值（注意：大指针和小指针都要记），然后用外径千分表测量此位置的读数值即为缸径值。

课题三　常用设备的使用

🕹 学习目的

1.了解各种常见的汽车举升机的基本操作；

2.了解汽车举升机的安全操作规范。

🚗 第一节　汽车举升机的使用

一、汽车举升机安全操作规范

（1）使用前应清除举升机附近妨碍作业的器具及杂物，并检查操纵手柄是否正常。

（2）待升举车辆驶入后，应将举升机支撑架块调整移动对正该型车辆规定的举升点。

（3）升举时人员应离开车辆，升举到需要高度时，必须插入保险销，并确认安全可靠后才可开始车底作业。

（4）有人作业时严禁升降举升机。

（5）作业完毕应清除杂物，打扫举升机周围以保持场地整洁。

（6）定期（半年）排除举升机储油缸积水，并检查油量，油量不足应及时加注相同牌号的压力油，同时应检验、润滑举升机移动齿轮及链条。

二、举升机的种类

目前，市场上销售的举升机主要有双柱式、四柱式、无柱式等三大类型。

1.双柱式举升机

双柱式举升机按传动型式分为机械式和液压式两种，如图2-3-1所示。

(a) 机械式　　　　　　　(b) 液压式

图2-3-1　双柱式举升机

（1）机械式举升机主要由底板、升降小车、立柱、链条、油缸、伸缩臂等组成。其工作原理是在每根立柱里有一套丝杆螺母传动结构，两套传动之间由藏于底架中的套筒滚子链来传递连接动力，使两根立柱里的托举系统保持同步上升。

（2）液压式举升机分单缸和双缸式。

单缸式举升机的工作原理：主立柱里的油缸通过主链条带动主滑架，再通过连于主滑架上的链条带动；副立柱里的副滑架同步上升、下降。

单缸式举升机有以下几种安全保险装置：

①液压系统过载保护及液压自锁；

②机械锁止装置；

③链条断裂保护装置。

液压双缸举升机除了上述几种安全保险装置外，还应有两缸同步平衡装置和防止液压管突然爆裂装置，以防油管损坏发生车辆倾翻的情况（这种装置，目前使用较少），如果机械锁止装置失效后也会产生这种情况。

由于机械式举升机存在螺母丝杆等零件较容易磨损，维修保养量大，噪声高等缺点，随着现代液压技术不断进步，国内已能够生产质量过关的液压泵、液压缸、液压阀等关键部件，因此，现在液压式举升机在数量上已超过了机械式举升机成为主流品种。

2.四柱式举升机

四柱式举升机基本上都是液压传动式，如图2-3-2所示。工作油缸可以放置在两立柱之间的顶部、立柱里边、停车平台里边。其中油缸放置在停车平台里边的机型，平台升降平稳，外观简洁明了，是比较理想的一种。

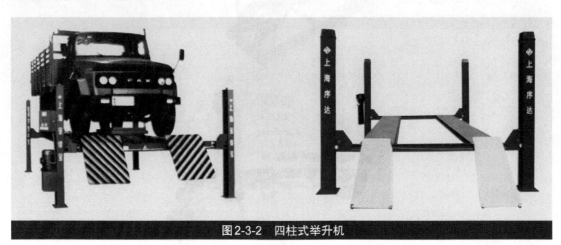

图2-3-2 四柱式举升机

根据不同的使用目的，四柱式举升机可以配置副梁，这样可以将车辆4个轮子架空，进行4轮保养操作。若在平台上设置二次举升小车，还可以进行4轮定位项目。这种带二次举升小车的四柱式举升机已成为4轮定位专用举升机主流机型。和双柱机相比四柱机可以进行较大型车辆举升作业，适用范围更广。今后这种机型的使用量应该会大幅度增加。四柱机应该有以下安全保险装置：

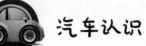
①液压系统过载保护及锁定；

②钢丝绳及链条断裂保护装置；

③平台在高位的机械锁定装置；

④二次举升小车举升后的机械锁定装置；

⑤二次举升小车能可靠回位的装置。

缺少以上任何一种装置都是不安全的。

3.无柱式举升机

无柱式举升机以剪式举升机为主，有单剪式、单剪子母式、双剪式，如图2-3-3所示。由于无立柱，下降后整个维修区域无任何障碍物，因而视野开阔，节省空间，是比较受欢迎的机型。目前单剪子母式是其主流机型，已成为除四柱机以外另一种四轮定位专用举升机。双剪式由于其体积较小，在一些快修店、汽车美容店较受欢迎。但是由于剪式机技术难度较大，因而其制造成本大于其他机型，市场价格也比其他机型高，这也限制了它的发展空间。

图2-3-3　剪式举升机

剪式举升机必须有以下安全保险装置：

①液压系统过载保护及锁定；

②举升机机械锁止装置；

③两边同步系统。

如果缺少任何一项都是不安全的。

此外在无柱式中还有一种专供举升大巴车用的地沟专用举升机。这种举升机采用双举升缸举升，有液压和气动两种传动方式，其结构紧凑，占用空间小，可以大大减轻维修人员的劳动强度。

三、举升机的使用方法

下面以双柱式液压举升机为例来讲解举升机的使用方法。

1.试车前准备

（1）对称形将4个伸缩臂向外敞开，让汽车驶入就位。

（2）使汽车进入举升机内，并使汽车重心处在两立柱轴线连线处停车（轿车重心约在司机座位中心）。

2.橡胶支垫位置的确定

（1）将橡胶支垫中心部位支承在汽车规定可以支承的部位（如焊接梁上）。

（2）将伸缩臂调整到最大限度，适当调整橡胶垫的橡胶支垫的高度，以使汽车保持水平状态。

（3）将伸缩臂锁紧。

3.举升汽车

（1）按启动键开始提升。

（2）在上升高度约300mm时，应检查4个橡胶支垫是否稳固地支承着，并检查汽车是否保持水平状态，然后将汽车举升到需要的高度。

（3）在举升过程中，安全制动爪始终处在待制动状态，当松开按键时，电动机、齿轮泵停止运转，油缸自锁，制动爪嵌入齿条自动制动。

4.降下汽车

（1）下降时先拉动制动器脱开拉线，脱开拉线在升降小车下放主副各1根，如拉不动，可上升一点再拉，使之脱开。

（2）向下按卸荷阀操纵杆，使举升机下降到需要位置。

（3）下降过程中需要停止时，只要松开操纵杆即可。

5.汽车的退出

在汽车退出之前，先将4个臂从汽车下方转出到最初位置，然后慢慢地退出汽车。

四、举升机的使用注意事项

（1）将汽车重心接近双柱的中心，使两者相合。

（2）将伸缩臂前后距离尽可能调整大些，以防止举升机运行中发生汽车下落事故。

（3）在修理汽车等作业中，举升机的制动器必须在锁紧状态。

（4）举升机在锁紧状态下作下降动作时，应先将举升机稍微上升一点，以便脱开制动器，然后再进行下降操作。

（5）举升机在上升、下降过程中，禁止人员乘坐在被举起的汽车里和进入被举升物下面。

（6）橡胶支垫与汽车支承面之间，不允许垫入其他垫块，并以橡胶垫中心为支承点。

（7）橡胶支垫不允许支承在弹簧钢板处，否则容易滑下。

五、举升机的安全检查

安全检查是防止汽车跌下事故的非常重要的措施，至少保持1个月检查1次，如果发现有异常情况，必须禁止继续使用，直到故障排除、达到良好的技术状态后，方可使用，这样才能保证人员安全。

经过1年以上使用后，应按要求对举升机进行分解检查、维修。

对轴承、链轮、链条及钢丝绳等活动部位用润滑剂对其补充润滑。

模块 二

汽车整体认识

课题一　汽车总体构造认识

学习目的

1. 熟悉汽车的分类；
2. 对照实物掌握汽车的组成。

设备和工具

汽车整车。

学习过程

1. 所实习的实习场地内有_____台整车，其中按用途分有_____台专用汽车和_____台特殊汽车；

2. 在实习的实习场地内，按运输汽车来分，轿车共_____台，客车共_____台，货车_____台；

3. 记录各车的制造商名称；

4. 打开各车的前盖及车门；

5. 从实习整车上，找出发动机位置，并记录；

6. 从实习整车上，找出可见的底盘部件及车身部件位置；

7. 在实习整车上，找出仪表、灯光等可见电气设备部件位置；

8. 从实习车后方找出各车型号，并记录。

实习车辆	汽车品牌	汽车型号	汽车颜色	所属类别	发动机位置及驱动形式
实习车1					
实习车2					
实习车3					
实习车4					
实习车5					

其他记录

_____

_____

_____

_____

_____

_____

_____

第一节　汽车的分类

汽车是借助于自身的动力装置驱动，且具有4个（或4个以上）车轮的非轨道无架线车辆。汽车的主要用途是运输，即载送人和货物或牵引载送人和货物的车辆。

一、按用途分类

根据国家标准GB/T 3730.1—2001规定，可按用途把汽车分为普通运输汽车、专用汽车等，并可按照汽车的主要特征参数分级。

1.普通运输汽车

（1）轿车

轿车是载送少量乘员的汽车，通常用排量来定义轿车的等级，如图3-1-1所示。

微型车(排量≤1.0L)

(a) 0.8L的微型轿车奇瑞QQ

普通级轿车(1.0L＜排量≤1.6L)

(b) 1.6L的轻型轿车马自达3

中级轿车(1.6L＜排量≤2.5L)

(c) 2.0L的中级轿车奥迪A4

高级轿车(排量＞4.0L)

(d) 5.0L的高级轿车奔驰R500

图3-1-1 常见轿车级别分类

（2）客车

客车是供公共服务用的载送较多乘员的汽车，分为微型客车、中型客车和大型客车，一般用长度表示。常见客车的长度如图3-1-2所示。

(a) 微型客车(长度≤3.5m)

(b) 中型客车(7.0m＜长度≤10m)

(c) 大型客车(10m＜长度≤12m)

(d) 特大型客车(铰接式客车和双层客车)

图3-1-2 常见客车的长度

（3）货车

货车是载送货物的运输汽车，一般以运行时按出厂定最大总质量分类，见图3-1-3。

(a) 微型货车(质量≤1.8t)

(b) 轻型货车(1.8t＜质量≤6.0t)

(c) 中型货车(6.0t＜质量≤14t)

(d) 重型货车(质量＞14t)

图3-1-3　常见货车的重量

2.专用汽车

常见专用汽车如图3-1-4所示。

(a) 罐车(运输液体、气体或粉状固体)

(b) 冷藏车(运输易腐食品)

(c) 自卸汽车(运输砂土矿石)

(d) 平台货车(运输大件货物)

(e) 挂车　　　　　　　　　　　　　　(f) 集装箱货车

(g) 特种作业车(消防车)　　　　　　　(h) 特种作业车(救护车)

图3-1-4　常见专用汽车

3.特殊用途汽车

常见特殊用途汽车如图3-1-5所示。

(a) 娱乐用车(高尔夫专用车)　　　　　(b) 竞赛汽车

图3-1-5　常见特殊用途汽车

二、按发动机和各个总成的相对位置分类

汽车的整体布置形式按发动机和各个总成相对位置可分为发动机前置前轮驱动（FF）、发动机前置后轮驱动（FR）、发动机后置后轮驱动（RR）、发动机中置后轮驱动（MR）、全轮驱动（NWD）。

发动机前置前轮驱动（FF）：这种布局的发动机侧向安置于发动机舱内，如图3-1-6所示，将变速器和差速器组合在一个紧凑壳体中的变速驱动桥，变速驱动桥壳体直接固定在发动机上。

横向布置发动机可以减小发动机舱的容积，降低汽车重心和减轻汽车质量，由于汽车的大部分质量在汽车的前部，为增大驱动车轮的牵引力提供了条件，也对前悬架和制动器施加了较大载荷。

发动机前置后轮驱动（FR）：这种布置形式的汽车中，发动机、变速器、前悬架和转向装置都安装在车身的前部，差速器和后悬架安装在车身的后部（图3-1-7）。这种布置形式可以将汽车的质量均匀地分配给前、后车轮，从而减轻转向力，并均衡制动载荷。采用这种结构形式，可独立地拆卸和安装发动机、传动轴、差速器和悬架。纵向布置的发动机需要较大的发动机舱，而且驱动后轮的传动轴和差速器也会使乘员舱空间减小。

图3-1-6　发动机前置前轮驱动（FF）

图3-1-7　发动机前置后轮驱动（FR）

图3-1-8所示为发动机后置后轮驱动（RR），这是目前大、中型客车盛行的布置形式，具有降低车内噪声、有利于车身内部布置等优点。

发动机中置后轮驱动（MR）：这种布置形式多数运用于运动型轿车和方程式赛车中（图3-1-9），由于这些车型都采用功率和尺寸较大的发动机，将发动机布置在驾驶员座椅之后和后轿之后有利于获得最佳轴荷分配以提高汽车的性能。

全轮驱动（NWD）：是越野汽车特有的形式，通常发动机前置（图3-1-10），在变速器后装有分动器，以便将动力分别输送到全部车轮。

图3-1-8　发动机后置后轮驱动（RR）

图3-1-9　发动机中置后轮驱动（MR）

图3-1-10　发动机全轮驱动（NWD）

汽车通常由发动机、底盘、车身、电气设备等四大部分组成。典型轿车的整体结构和货车整体结构如图3-1-11和图3-1-12所示。

图 3-1-11　轿车整体结构示意图

图 3-1-12　货车整体结构示意图

一、汽车发动机

发动机是汽车的动力源，它使用供入其中的化学能的燃料燃烧而产生动力。目前，国内外汽车采用的动力装置大多数为活塞式内燃发动机，它一般由机体组、曲柄连杆机构、配气机构、燃油供给系统、冷却系统、润滑系统、点火系统（汽油发动机采用）、起动系统等部分组成。

二、汽车底盘

底盘是汽车的基础（骨架），接受发动机的动力，使汽车产生动力，并保证汽车按照驾驶员的操纵正常行驶。底盘由传动系统、行驶系统、转向系统、制动系统等部分组成。汽车发动机与底盘位置如图3-1-13所示。

发动机的位置

底盘的位置

图3-1-13　汽车发动机与底盘位置图

　　传动系统的功用：将发动机的动力传递给驱动车轮。传动系统包括离合器、变速器、传动轴、驱动桥（含主减速器、差速器及半轴）等部件。

　　行驶系统的功用：将汽车各总成及部件安装在适当位置，对全车起支承作用和对路面起附着作用，缓和道路冲击和振动，以保证汽车正常行驶。行驶系统包括支承全车的承载车身、副车架、前轴、车桥壳体、车轮（转向车轮和驱动车轮）、悬架（前悬架和后悬架）等部件。

　　转向系统的功用：确保汽车按照驾驶员选择的方向行驶。转向系统由转向盘的转向器及转向传动装置组成，有的汽车还有转向助力装置。

　　制动系统的功用：使汽车迅速减速或停车，并保证驾驶员离去后汽车能可靠地停住。每辆汽车的制动装备都包括若干个相互独立的制动系统，每个制动系统都由供能装置、控制装置、传动装置及制动器组成。

三、汽车车身

　　车身是驾驶员工作的地方，也是装载乘客和货物的场所。车身应为驾驶员提供方便的操作条件，并为乘客提供舒适安全的环境和保证货物完好无损。典型的轿车车身包括车前板制件（车头）、车身本体、驾驶室、车厢等部件，汽车车身如图3-1-14所示。

图3-1-14　汽车车身图

四、汽车电气设备

汽车电气设备由电源组、发动机起动系统和点火系统、照明和信号装置、仪表、导航系统、电视、音响、电话等组成。此外，现在汽车上越来越多的装用各种电子设备，如微处理器、中央计算机系统及各种人工智能装置等，它们用以管理汽车各部分的工作，显著提高了汽车的性能。汽车电器分布与组成如图3-1-15所示。

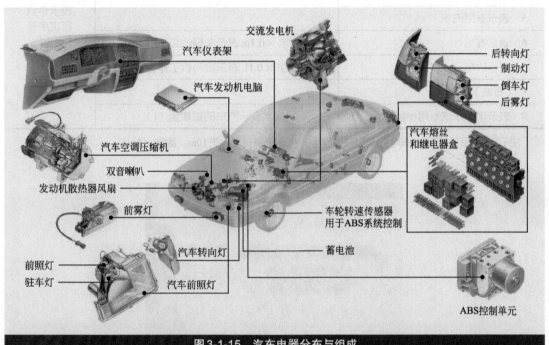

交流发电机
汽车仪表架
汽车发动机电脑
汽车空调压缩机
双音喇叭
发动机散热器风扇
前雾灯
前照灯
驻车灯
汽车转向灯
汽车前照灯
后转向灯
制动灯
倒车灯
后雾灯
汽车熔丝和继电器盒
车轮转速传感器用于ABS系统控制
蓄电池
ABS控制单元

图3-1-15　汽车电器分布与组成

🚗 第三节　国产汽车产品型号编制规则

按照国家标准GB/T 9417—1988，国产汽车型号应能表明其厂牌、类型和主要特征参数等。该型号由拼音字母和阿拉伯数字组成，包括首部、中部和尾部3部分。

首部由2个或3个拼音字母组成，是识别企业的代号，如：CA代表一汽，EQ代表二汽，BJ代表北京等。

中部由4位阿拉伯数字组成，分为首位、中间两位和末位数字3部分，其含义如表3-1-1所示。

尾部由拼音字母或加上阿拉伯数字组成，可表示变型车与基本型的区别或专用汽车的分类。

例如，型号CA1092表示第一汽车厂生产的货车，总质量9t，末位数字2表示该车型是在原车型CA1091的基础上改进的新型。型号CA7226L表示第一汽车厂生产的轿车，发动机工作容积2.2L。尾部字母L表示加长型。图3-1-16为金杯客车的编号，SY表示沈阳生产，序号6表示客车，48表示车长4.8m。

表3-1-1　汽车型号中部4位阿拉伯数字的含义

首位数字（1～9）表示车辆的类别		中间两位数字表示各类汽车的主要特征参数	末位数字
1	表示载货汽车	数字表示汽车的总质量*（t）	表示企业自定序号
2	表示越野汽车		
3	表示自卸汽车		
4	表示牵引汽车		
5	表示专用汽车		
6	表示客车	数字×0.1m表示车辆的总长度**	
7	表示轿车	数字×0.1L表示发动机工作容积	
8	（暂缺）		
9	表示半挂车或专用半挂车	数字表示汽车的总质量（t）	

注：*汽车总质量超过100t，允许用3位数字；**汽车总长度大于10m，数字×1m。

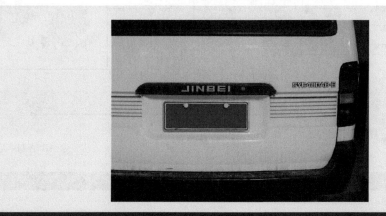

图3-1-16　金杯客车的型号

课题二　汽车发动机构造认识

🍊 学习目的

1. 对照实物熟悉发动机安装位置；
2. 对照实物掌握发动机结构组成；
3. 掌握发动机的分类；
4. 对照实物掌握发动机常用术语以及工作过程。

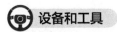

设备和工具

汽车整车，发动机总成。

学习过程

1. 打开实习车的前盖，找出发动机上的标识及型号，并记录；
2. 对照相应发动机，记录发动机的缸数；
3. 对照相应发动机，记录发动机气缸排列方式；
4. 对照相应发动机，记录发动机冷却方式；
5. 对照相应发动机，记录发动机是否为电子控制燃油喷射发动机。

实习车辆	汽车品牌	发动机型号	汽油机/柴油机	发动机缸数	气缸排列方式	发动机冷却方式	是否为电喷发动机
实习车1							
实习车2							
实习车3							
实习车4							
实习车5							

其他记录

_____

_____

_____

_____

_____

第一节　发动机的结构组成

发动机的作用是使输进气缸内的燃料燃烧而产生机械动力，图3-2-1为常见的发动机安装位置图。现代汽车广泛应用往复活塞式内燃机，它一般由机体组、曲柄连杆机构、配气机构、燃油供给系统、冷却系统、润滑系统、点火系统（汽油发动机采用）、起动系统等部分组成。

图3-2-1　发动机安装位置及左视图

一、发动机整体结构

发动机是给汽车提供动力的部件，是汽车的核心总成。发动机外观与剖视图如图3-2-2所示。

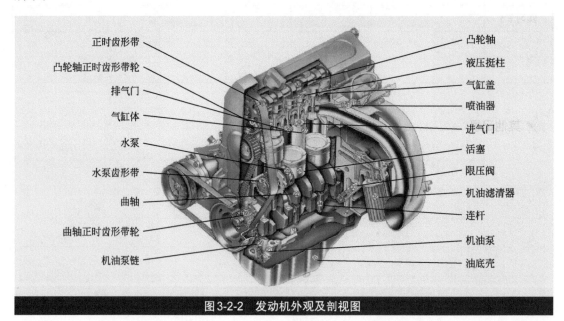

正时齿形带　　　　　　　　　　　　　　　　　　　　凸轮轴
凸轮轴正时齿形带轮　　　　　　　　　　　　　　　　液压挺柱
排气门　　　　　　　　　　　　　　　　　　　　　　气缸盖
气缸体　　　　　　　　　　　　　　　　　　　　　　喷油器
水泵　　　　　　　　　　　　　　　　　　　　　　　进气门
水泵齿形带　　　　　　　　　　　　　　　　　　　　活塞
曲轴　　　　　　　　　　　　　　　　　　　　　　　限压阀
　　　　　　　　　　　　　　　　　　　　　　　　　机油滤清器
曲轴正时齿形带轮　　　　　　　　　　　　　　　　　连杆
　　　　　　　　　　　　　　　　　　　　　　　　　机油泵
机油泵链　　　　　　　　　　　　　　　　　　　　　油底壳

图3-2-2　发动机外观及剖视图

二、发动机分类

1.按照所用燃料分类

活塞式内燃机按照所使用燃料的不同可以分为汽油机、柴油机和气体燃料发动机三大类。使用汽油为燃料的活塞式内燃机称为汽油机，汽油发动机如图3-2-3所示。使用柴油为燃料的活塞式内燃机称为柴油机，柴油发动机如图3-2-4所示。使用天然气、液化石油气和其他气体燃料的活塞式内燃机称作气体燃料发动机。汽油机与柴油机各有特点：汽油机转速高，质量小，噪声小，起动容易，制造成本低；柴油机压缩比大，热效率高，经济性能和排放性能都比汽油机好。

图3-2-3　汽油机发动机

图3-2-4　柴油机发动机

2.按照冷却方式分类

内燃机按照冷却方式不同，活塞式内燃机可以分为水冷发动机和风冷发动机。水冷发动机是利用在气缸体和气缸盖冷却水套中进行循环的冷却液作为冷却介质进行冷却的，水冷发动机如图3-2-5所示。而风冷发动机是利用流动于气缸体与气缸盖外表面散热片之间的空气作为冷却介质进行冷却的，风冷发动机如图3-2-6所示。水冷发动机冷却均匀，工作可靠，冷却效果好，被广泛地应用于现代车。

图3-2-5　水冷发动机

图3-2-6　风冷发动机

3.按照气缸数目分类

内燃机按照气缸数目不同可以分为单缸发动机和多缸发动机。仅有1个气缸的发动机称为单缸发动机；有2个以上气缸的发动机称为多缸发动机，如双缸、3缸、4缸、5缸、6缸、8缸、12缸等都是多缸发动机。现代车用发动机多采用4缸、6缸、8缸发动机，4缸发动机气缸体和6缸发动机气缸体如图3-2-7、图3-2-8所示。

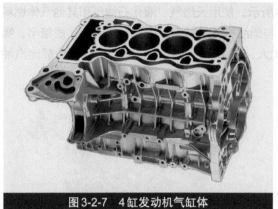

图3-2-7 4缸发动机气缸体

图3-2-8 6缸发动机气缸体

4.按照气缸排列方式分类

内燃机按照气缸排列方式不同可分为直列式（单列式）发动机、V型发动机、对置气缸式发动机和斜置气缸式发动机。

直列式（单列式）发动机。各个气缸排成一列，一般是垂直布置的。但为了降低发动机的高度，有时也把气缸布置成倾斜的甚至是水平的。这种排列形式其气缸体结构简单，加工容易，但长度和高度较大。一般6缸以下发动机多用单列式。直列4缸发动机如图3-2-9所示。

V型发动机。将气缸排成两列，其气缸中心线的夹角小于180°，它的特点是缩短了发动机的长度，降低了发动机高度，增加了气缸体的刚度，质量也有所减小，但加大了发动机宽度，且形状复杂，加工困难，一般多用于气缸数多的大功率发动机。现在8缸以上的发动机多采用V型布置。V型8缸发动机如图3-2-10所示。

对置气缸式发动机。其高度比其他形式的小得多，在某些情况下，使得汽车（特别是轿车和大型客车）的总布置更为方便。这种布置的发动机在轿车中应用不多。

斜置气缸式发动机其布置形式类似于直列式，只是整个气缸体被倾斜安置。斜置式发动机是为了减小发动机高度，采用斜置式发动机的汽车具有更好的空气动力学特性。

图3-2-9 直列4缸发动机

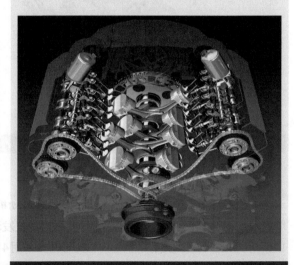

图3-2-10 V型8缸发动机

一、曲柄连杆机构的作用与组成

曲柄连杆机构的作用：将燃气作用在活塞顶上的压力转变为能使曲轴旋转运动而对外输出的动力。

曲柄连杆机构是往复活塞式发动机将热能转换为机械能的主要机构。在发动机工作过程中，燃料燃烧产生的气体压力直接作用在活塞顶上，推动活塞做往复直线运动。经活塞销、连杆和曲轴，将活塞的往复直线运动转换为曲轴的旋转运动。发动机产生的动力，大部分经由曲轴后端的飞轮输出，还有一部分用以驱动本机其他机构和系统。

曲柄连杆机构由机体组、活塞连杆组和曲轴飞轮组3部分组成。机体组主要包括气缸体、曲轴箱、气缸盖、气缸套和气缸垫、油底壳等机件。活塞连杆组主要包括活塞、活塞环、活塞销和连杆等机件。曲轴飞轮组主要包括曲轴、飞轮、扭转减振器等机件。

曲柄连杆机构的主要零部件以及相互连接关系见图3-2-11。

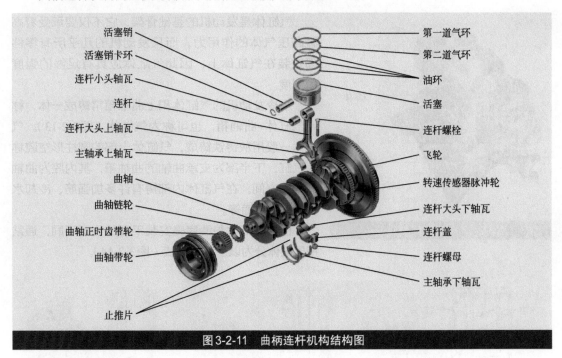

图3-2-11　曲柄连杆机构结构图

二、机体组

机体组是发动机的支架，是曲轴连杆机构、配气机构和发动机各系统主要零部件的装配基体。气缸盖用来封闭气缸顶部，并与活塞顶和气缸壁一起形成燃烧室。另外，气缸盖和机体内的水套和油道以及油底壳又分别是冷却系统和润滑系统的组成部分。

发动机机体组包括气缸体、气缸套、气缸盖、气缸盖罩、油底壳等零件，机体组结构图见图3-2-12。

气缸盖罩盖

气缸盖罩盖垫圈

气缸盖

气缸盖垫

气缸套

气缸体

上油底壳

下油底壳

图3-2-12　机体组结构图

1.气缸体

气缸体

上曲轴箱

图3-2-13　气缸体-曲轴箱

气缸体是发动机的基础骨架，它不仅要承受着高温高压气体的作用力，而且发动机的几乎所有零件都安装在气缸体上，因此气缸体应具有足够的强度和刚度。

水冷发动机的气缸体和上曲轴箱常铸成一体，称为气缸体-曲轴箱，也可称为气缸体（图3-2-13）。气缸体一般用灰铸铁铸成，气缸体上部的圆柱形空腔称为气缸，下半部为支承曲轴的曲轴箱，其内腔为曲轴运动的空间。在气缸体内部铸有许多加强筋、冷却水套和润滑油道等。

根据气缸体与油底壳安装平面的位置不同，通常把气缸体分为以下三种形式（图3-2-14）。

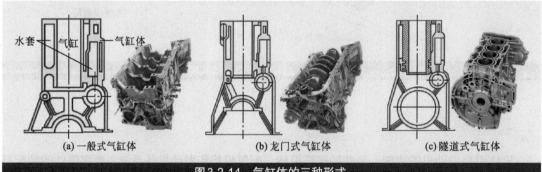

水套　气缸　气缸体

(a) 一般式气缸体　　　　(b) 龙门式气缸体　　　　(c) 隧道式气缸体

图3-2-14　气缸体的三种形式

一般式气缸体：特点是油底壳安装平面和曲轴旋转中心在同一高度。这种气缸体的优点是机体高度小，重量轻，结构紧凑，便于加工，曲轴拆装方便；缺点是刚度和强度较差。

龙门式气缸体：特点是油底壳安装平面低于曲轴的旋转中心。它的优点是强度和刚度都好，能承受较大的机械负荷；缺点是工艺性较差，结构笨重，加工较困难。

隧道式气缸体：这种形式的气缸体曲轴的主轴承孔为整体式，采用滚动轴承，主轴承孔较大，曲轴从气缸体后部装入。其优点是结构紧凑，刚度和强度好；缺点是加工精度要求高，工艺性较差，曲轴拆装不方便。

为了能够使气缸内表面在高温下正常工作，必须对气缸和气缸盖进行适当的冷却。冷却方法有两种，一种是水冷，另一种是风冷。相应的就是水冷发动机和风冷发动机（图3-2-15）。

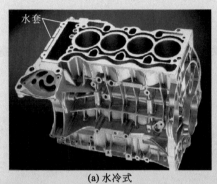 

(a) 水冷式　　　　　　　　　(b) 风冷式

图3-2-15　水冷发动机和风冷发动机

水冷发动机的气缸周围和气缸盖中都加工有冷却水套，并且气缸体和气缸盖冷却水套相通，冷却水在水套内不断循环，带走部分热量，对气缸和气缸盖起冷却作用。

风冷发动机一般将气缸体与曲轴箱分开铸造，以增强散热效果，增加气缸体与空气的接触面。在气缸体与气缸盖的外表面铸有散热片，利用空气的流动带走机体的热量。

2. 气缸套

气缸直接镗在气缸体上叫做整体式气缸，整体式气缸强度和刚度都好，能承受较大的载荷，这种气缸对材料要求高，成本高。将气缸制造成单独的圆筒形零件（气缸套），然后再装到气缸体内。气缸套采用耐磨的优质材料制成，气缸体可用价格较低的一般材料制造，这样就降低了制造成本。目前几乎所有的发动机都采用了镶入式缸套代替气缸体充当气缸的工作表面，同时，气缸套可以从气缸体中取出，因而便于修理和更换，并可大大延长气缸体的寿命。

水冷式发动机根据是否与冷却水接触，将其分为干式和湿式两种（图3-2-16、图3-2-17）。

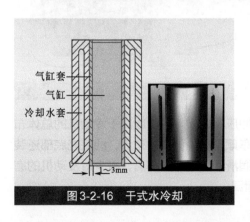

图3-2-16　干式水冷却

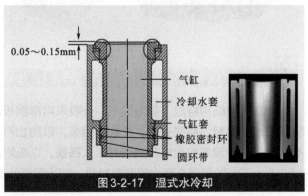

图3-2-17　湿式水冷却

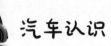

气缸套的外表面不直接与冷却水接触的称为干式气缸套。为保证散热效果和缸套的定位，缸套的外表面与气缸体的缸套孔内表面必须精加工，且一般采用过盈配合，壁厚仅为1～3mm的干式气缸套是被压装到气缸孔中的。

气缸套的外表面直接与冷却水接触的称为湿式气缸套。其壁厚达5～9mm，以微小的装配间隙放入气缸中。为防止漏水，缸套下部设1～2个耐油耐热橡胶密封圈。

大多数湿式气缸套装入后，其顶面一般高出气缸体0.05～0.15mm。这样在紧固气缸盖螺栓时，可将气缸垫压得更严实，以保证气缸的密封性，防止漏水、漏气。相对而言，湿式气缸套具有散热性好、缸体铸造方便、易拆卸等优点，因而被广泛采用。

3.气缸盖

气缸盖一般采用灰铸铁或铝合金铸铁铸成，铝合金的导热性好，有利于提高压缩比，气缸盖结构如图3-2-18所示。

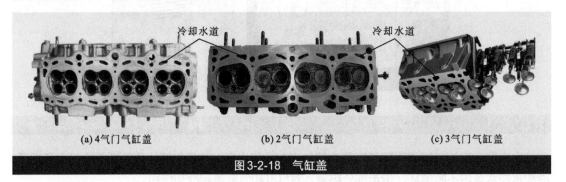

(a) 4气门气缸盖　　　　(b) 2气门气缸盖　　　　(c) 3气门气缸盖

图3-2-18　气缸盖

4.油底壳

气缸体下部用来安装曲轴的部位称为曲轴箱，曲轴箱分上曲轴箱和下曲轴箱。上曲轴箱与气缸体铸成一体，下曲轴箱用来储存润滑油，并封闭上曲轴箱，故又称为油底壳，如图3-2-19所示。

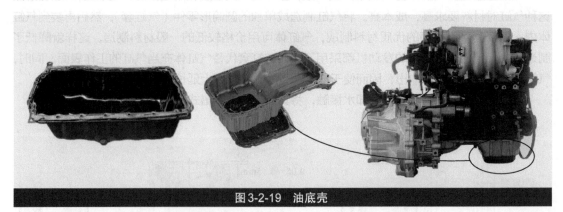

图3-2-19　油底壳

油底壳的结构特点：受力很小，一般采用薄钢板冲压而成，其形状取决于发动机的总体布置和机油的容量。油底壳内装有稳油挡板，以防止汽车颠动时油面波动过大。油底壳底部还装有放油螺塞，通常放油螺塞上装有永久磁铁，以吸附润滑油中的金属碎屑，减少对发动机的磨损。在上下曲轴箱接合面之间装有衬垫，防止润滑油泄漏。

5.气缸垫

气缸垫装在气缸盖和气缸体之间，气缸垫实物如图3-2-20所示。其功用是：保证气缸盖与气缸体接触面的密封，防止漏气、漏水和漏油。

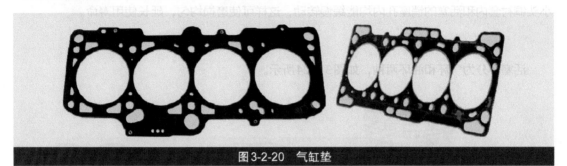

图3-2-20　气缸垫

三、活塞连杆组

活塞连杆组包括活塞、活塞环、活塞销、连杆和连杆轴等，如图3-2-21所示。其作用是将燃烧过程中获得的动力传递给曲轴。

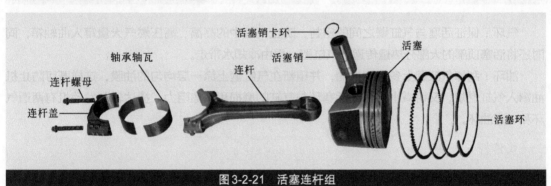

图3-2-21　活塞连杆组

1.活塞

活塞主要承受燃烧气体的作用力，并将此力通过活塞销传递给连杆以推动曲轴旋转；同时其顶部还与气缸盖、气缸壁共同构成燃烧室。活塞不仅要具有足够的强度，而且重量要轻，导热性要好，且耐磨、耐腐蚀。很多发动机通过改变活塞顶部凹坑的尺寸来调节发动机的压缩比，在活塞的顶部设置了各种形状不规则的浅碗形凹坑，与气缸盖上的凹坑组成结构紧凑的多球形燃烧室（图3-2-22）。

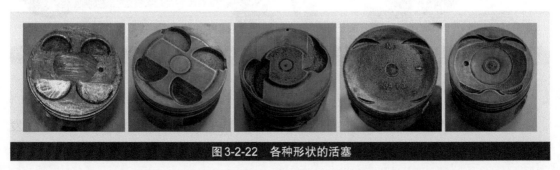

图3-2-22　各种形状的活塞

2.活塞销

活塞销用于连接活塞和连杆（图3-2-23），把活塞所承受的力传给连杆，因此活塞销要有足够的刚度和较轻的重量。活塞销的安装采用"全浮式"，即在发动机工作过程中，活塞销在连杆小头铜衬套内和活塞的销座孔内均能缓慢转动，这样可使磨损均匀，延长使用寿命。

3.活塞环

活塞环分为气环和油环两种，如图3-2-24所示。

图3-2-23　活塞销及安装位置

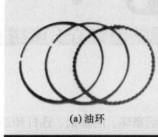
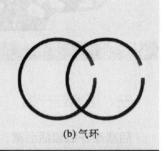

(a)油环　　　　　　　　　(b)气环

图3-2-24　活塞环组件

气环：保证活塞与气缸壁之间的密封，防止气缸中的高温、高压燃气大量窜入曲轴箱，同时还将活塞顶部的大部分热量传递给气缸壁，再由冷却水带走。

油环：刮掉气缸壁上多余的机油，并重新在气缸壁上涂一层均匀的油膜，这样既可防止机油窜入气缸燃烧，又可减小活塞、活塞环与气缸的磨损和摩擦阻力。捷达轿车发动机有两道气环和一道油环。

4.连杆

连杆如图3-2-25所示。连杆接受活塞通过活塞销传来的力，并将力传给曲轴，推动曲轴转动，从而使活塞的往复直线运动转变为曲轴的旋转运动。现在的连杆一般采用中碳钢或合金钢加工制成，由连杆小头、杆身、连杆大头和连杆轴承盖组成，连杆小头内压有减磨的青铜衬套和铁基粉末冶金衬套。

图3-2-25　连杆与连杆轴承

5.连杆轴承瓦

连杆轴承瓦又称作连杆轴瓦、连杆瓦和曲轴小瓦，装在连杆大头和连杆盖处。现代汽车发动机的连杆轴瓦是由钢和减磨层组成的分成两半的薄壁轴。

四、曲轴飞轮组

曲轴飞轮组主要由曲轴和飞轮以及其他零件（曲轴正时齿轮、轴瓦、止推片、V形皮带轮）和附件组成，如图3-2-26所示。发动机结构和性能要求不同，其零件和附件的种类和数量也有所不同。

图3-2-26 曲轴飞轮组图

1.曲轴

曲轴是发动机中最重要的部件，其功能是承受连杆装置传来的力，并通过飞轮驱动汽车传动系，此外还驱动发动机的配气机构和其他一些辅助装置，如图3-2-27所示。

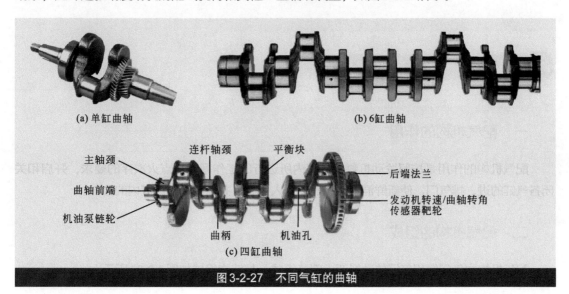

图3-2-27 不同气缸的曲轴

曲轴有两种类型：整体式与组合式。整体式曲轴的各个曲柄及前、后端都做成一个整体，一般采用滑动轴承；组合式曲轴的各个曲柄分段加工，然后再利用连接螺钉将各单个曲柄连成一体，组合曲轴采用滚动轴承，并且必须与隧道式曲轴箱配合使用。

曲轴的主轴颈轴承为钢前对开式轴瓦，轴瓦钢背上镀有3层合金，底层镀铝锡钢，表层是巴氏合金，中间层为镍，曲轴的轴向位采用止推垫片。轴瓦的功用是减少曲轴主轴颈的磨损。

曲轴前后两端装有油封，以防止机油沿前、后端流到机体外。曲轴后端的法兰用于安装飞

轮。曲轴的前端装有曲轴正时齿轮和V形皮带轮,曲轴正时齿轮随齿形皮带驱动配气机构的凸轮轴,V形皮带轮通过V形皮带驱动水泵和发电机。

2.飞轮

飞轮是一个转动惯量很大的圆盘,实物如图3-2-28所示。其主要作用是:将做功行程中输入曲轴的一部分能量储存起来,用作在其他行程中克服阻力,带动曲柄连杆机构越过上止点和下止点,保证曲轴的旋转角速度和输出扭矩尽可能均匀,并使发动机有可能克服短时间的超载荷。

离合器摩擦面

起动齿圈

图3-2-28 飞轮与飞轮的安装位置

第三节 配气机构认识

一、配气机构的作用

配气机构的作用是按照发动机每一气缸内所进行的工作循环和点火次序的要求,开启和关闭各气缸的进、排气门,使新鲜混合气及时地进入气缸,并及时排出气缸内的废气。

二、配气机构的组成

配气机构由气门组和气门传动组两大部分组成。其结构组成如图3-2-29所示。

1.气门组

气门组在配气机构中相当于一个阀门,它的主要作用是准时接通和切断进排气系统与气缸之间的通道。

气门组一般由气门、气门导管、气门弹簧、气门弹簧座及锁片等零件组成,实物如图3-2-30所示。其中气门油封的作用是:使气门和气门座关闭更加紧密。气门弹簧座的作用是:与气门头部配合对气缸起密封作用并对气门头部起导热作用。进气门的作用是:控制进气道的开启和关闭。进气门的气门杆直径和气门顶部要比排气门的稍大。

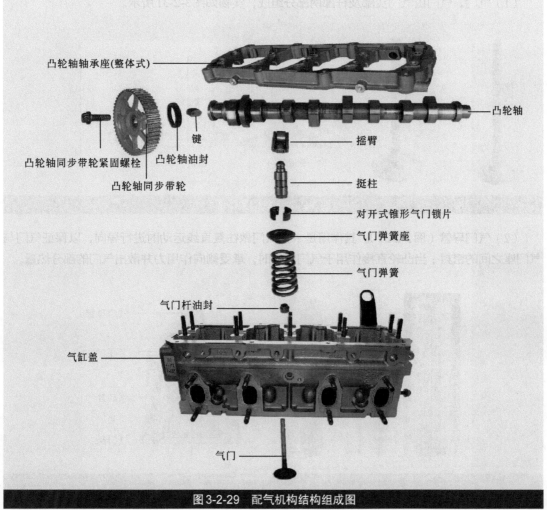

凸轮轴轴承座(整体式)

凸轮轴

键

凸轮轴同步带轮紧固螺栓

凸轮轴油封

摇臂

凸轮轴同步带轮

挺柱

对开式锥形气门锁片

气门弹簧座

气门弹簧

气门杆油封

气缸盖

气门

图 3-2-29　配气机构结构组成图

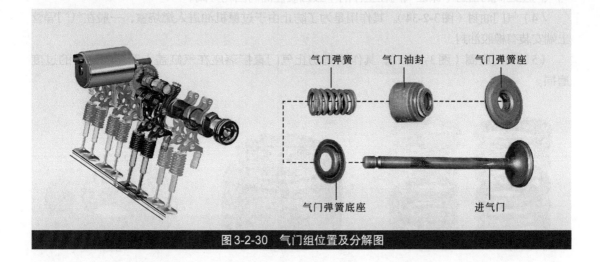

气门弹簧

气门油封

气门弹簧座

气门弹簧底座

进气门

图 3-2-30　气门组位置及分解图

（1）气门。气门由气门头部及杆部两部分组成，实物如图3-2-31所示。

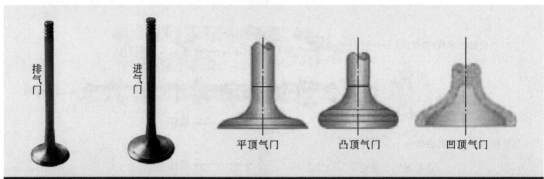

图3-2-31　气门实物图

（2）气门导管（图3-2-32）。其作用是：在气门做往复直线运动时进行导向，以保证气门与气门座之间的密封；当凸轮直接作用于气门杆端时，承受侧向作用力并散出气门的部分热量。

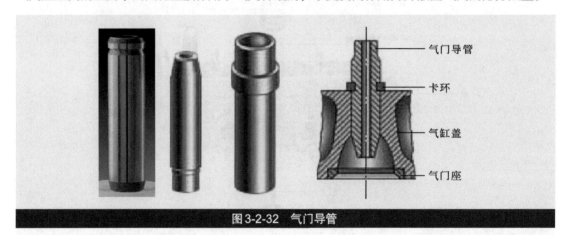

图3-2-32　气门导管

（3）气门弹簧（图3-2-33）。其作用是：保证气门回位；在气门关闭及振动弹跳时保证气门与气门座之间的密封；保证气门在工作时不致因惯性而与凸轮分离。

（4）气门油封（图3-2-34）。其作用是为了防止由于过量机油进入燃烧室，一般在气门导管上端安装有橡胶油封。

（5）气门座圈（图3-2-35）。其作用是防止气门直接落座在气缸盖上而引起缸盖的过度磨损。

图3-2-33　气门弹簧

图3-2-34　气门油封

图3-2-35　气门座圈

2.气门传动组

气门传动组的作用：使进、排气门按规定的时刻开闭，且保证有足够的开度。它主要包括凸轮轴、挺柱、推杆、正时齿轮等零件。

（1）凸轮轴（图3-2-36）。作用：驱动和控制各缸气门的开启和关闭，使其符合发动机的工作顺序、配气相位及气门开度的变化规律等要求。

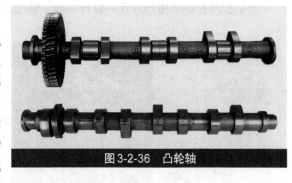

图3-2-36 凸轮轴

（2）挺柱。将来自凸轮的运动和作用力传至推杆，承受凸轮传来的侧作用力，并将此侧作用力传给发动机机体，如图3-2-37、图3-2-38所示。

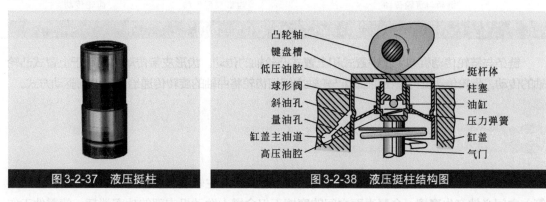

图3-2-37 液压挺柱

图3-2-38 液压挺柱结构图

（3）推杆。推杆位于挺柱与摇臂之间，它的作用是将挺柱传来的运动和作用力传给摇臂。如图3-2-39所示。

（4）正时齿轮（正时链轮，图3-2-40）。曲轴正时齿轮一般采用45号钢或40CR钢制造，为了减小发动机的噪声，凸轮轴正时齿轮多采用铸铁、夹布胶木或尼龙材料制造。

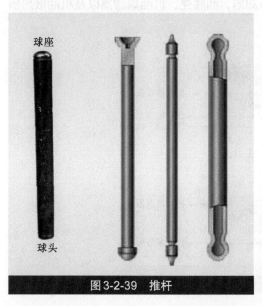

图3-2-39 推杆

图3-2-40 正时齿轮传动结构图

曲轴到凸轮轴的传动方式一般有三种：链传动、齿轮传动和同步带传动（图3-2-41）。

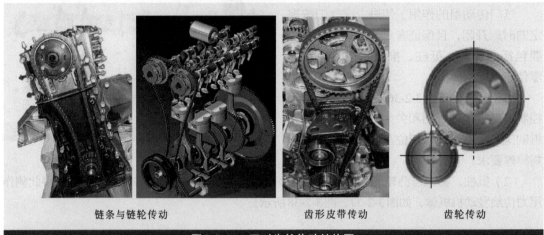

链条与链轮传动　　　　　　　　　齿形皮带传动　　　　　齿轮传动

图3-2-41　正时齿轮传动结构图

链条与链轮传动机构用于中置式和上置式凸轮轴的传动。齿形皮带传动机构用于上置式凸轮轴的传动。齿轮传动机构是在曲轴和凸轮轴之间用齿轮将曲轴的旋转传递给凸轮轴的驱动方式。

第四节　发动机润滑系统认识

发动机工作时，传力零件的相对运动表面（如曲轴与主轴承、活塞与气缸壁、正时齿轮副等）之间必然产生摩擦。金属表面之间的摩擦不仅会增大发动机内部的功率消耗，使零件工作表面迅速磨损，而且由于摩擦产生的大量热可能导致零件工作表面烧损，致使发动机无法运转。因此，为保证发动机正常工作，必须对相对运动的表面加以润滑，也就是在摩擦表面上覆盖一层润滑油（发动机油），使金属表面间形成一层薄的油膜，以减小摩擦阻力，降低功率损耗，减轻机件磨损，延长发动机使用寿命。

润滑系统主要由机油泵、机油滤清器、机油冷却器、油底壳、机油集滤器以及机油散热器组成，如图3-2-42所示。

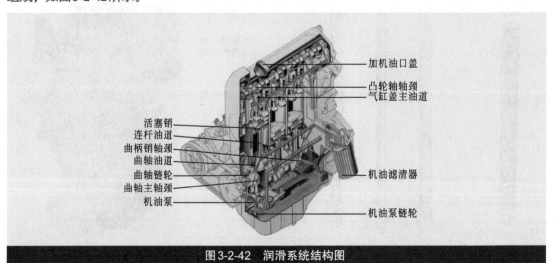

加机油口盖
凸轮轴轴颈
气缸盖主油道
活塞销
连杆油道
曲柄销轴颈
曲轴油道
曲轴链轮
曲轴主轴颈
机油泵
机油滤清器
机油泵链轮

图3-2-42　润滑系统结构图

1.机油泵

机油泵的作用：把一定压力和数量的润滑油供到主油道。机油泵按形式分为齿轮式和转子式两种。两者在目前的发动机中都广为应用。齿轮式机油泵结构简单、安装方便（图3-2-43）；转子式机油泵结构紧凑、供油均匀（图3-2-44）。机油泵分解及其安装位置如图3-2-45所示。

图3-2-43　齿轮式机油泵

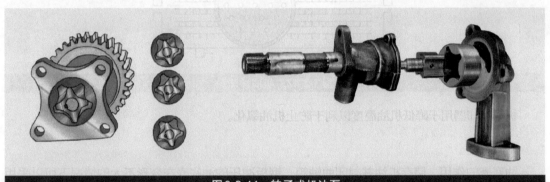

图3-2-44　转子式机油泵

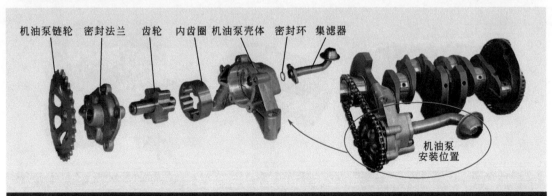

图3-2-45　机油泵分解及安装图

2.机油滤清器

机油滤清器的作用：用来滤除机油中的金属碎屑和各种杂质，以免使之进入润滑系统，磨损机件。机油滤清器及其安装位置见图3-2-46。

图3-2-46　机油滤清器及其安装位置

3.机油冷却器（图3-2-47）

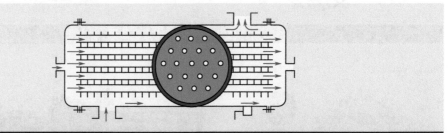

图3-2-47　机油冷却器

机油冷却器用于降低机油温度以利于防止机油氧化。

4.油底壳

油底壳的作用：储存机油并封闭曲轴箱。钢板冲压的油底壳在变形不大的情况下可以采用钣金修复。油底壳在更换时还需同时更换油底壳衬垫，实物及安装位置如图3-2-48所示。

图3-2-48　油底壳及其安装位置

5.机油集滤器

机油集滤器一般是滤网式的，装在机油泵的前面，防止粒度大的杂质进入机油泵，目前汽车发动机所用的集滤器分为浮式集滤器和固定式集滤器两种。固定式集滤器如图3-2-49所示。

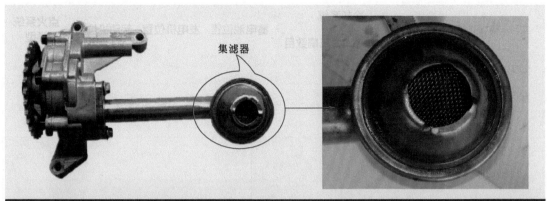

图 3-2-49　固定式集滤器

课题三　发动机附属结构认识

学习目的

1.掌握发动机冷却系统作用；
2.掌握发动机电源充电系统的结构和作用；
3.对照实物掌握发动机点火系统、起动系统和汽车空调的结构。

设备和工具

汽车整车，发动机台架，万用表。

学习过程

1.打开汽车前盖及车门；

2.从发动机舱内，找出冷却系统水箱位置、风扇位置、冷却液膨胀箱位置及加水口位置，并记录；

3.根据相应发动机冷却系统，指出水循环方向；

4.从发动机舱内，找出蓄电池位置，读取电池型号、生产厂名，并用万用表从电池上读取电池电压，进行记录；

5.从发动机舱内，找出发电机安装位置，读取发电机型号、生产厂名，进行记录；

6.从发动机舱内，找出起动机安装位置，读取起动机型号、生产厂名，进行记录；

7.从发动机上找出点火系统的主要组成部件的安装位置，并判别是何种类型；

8.从发动机舱内，找出空调各组成部件；

9.进入驾驶室，找出空调控制面板，画出空调控制面板结构图，并标注各控制开关名称。

实习车辆	汽车品牌	冷却系统		蓄电池位置	发电机位置	起动机位置	点火系统类型
		水箱位置	风扇数目				
实习车1							
实习车2							
实习车3							
实习车4							

实习车辆名称	蓄电池			发电机		发动机	
	电压	型号	生产厂家	型号	生产厂家	型号	生产厂家

空调控制面板

其他记录

第一节　发动机冷却系统认识

发动机工作时，由于燃料的燃烧，气缸内气体温度可高达2200～2800℃。使发动机的零件温度升高，特别是高温气体接触的零件，如不及时冷却则难以保证发动机正常工作，发动机过热或过冷都会给发动机带来危害。冷却系统的作用就是保证发动机在适宜的温度下工作。

冷却系统根据冷却介质的不同可分为水冷系统和风冷系统两种。

由于水冷系统工作可靠，冷却效果好，所以大多数汽车都采用强制循环式水冷系统。

水冷系统一般由散热器、风扇、水泵、节温器、膨胀水箱、水套及连接水管等组成，如图3-3-1所示。

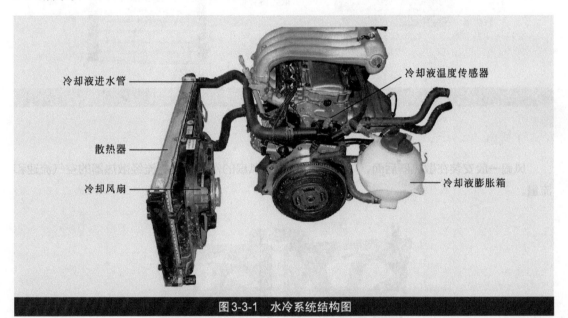

冷却液进水管

冷却液温度传感器

散热器

冷却风扇

冷却液膨胀箱

图3-3-1　水冷系统结构图

水冷系统还分为大循环和小循环两种循环方式，如图3-3-2所示。

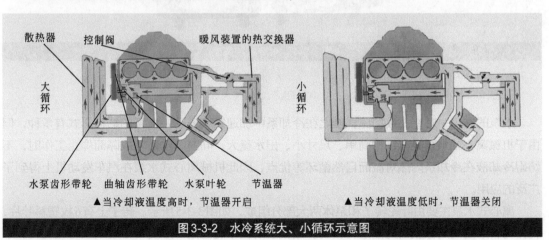

散热器　控制阀　　暖风装置的热交换器

大循环　　　　　　　　　　　　小循环

水泵齿形带轮　曲轴齿形带轮　水泵叶轮　节温器

▲当冷却液温度高时，节温器开启　　▲当冷却液温度低时，节温器关闭

图3-3-2　水冷系统大、小循环示意图

1. 散热器

散热器主要由上储水室、下储水室和散热器芯管等部分组成。

散热器的构造形式主要有管片式和管带式两种,捷达轿车发动机散热器采用管带式结构,波纹状的散热带与冷却芯管相间排列,如图3-3-3所示。

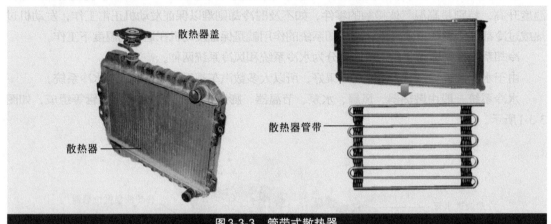

散热器盖

散热器

散热器管带

图3-3-3　管带式散热器

2. 风扇

风扇一般安装在散热器后面,如图3-3-4所示,风扇的作用是提高流经散热器的空气流速和流量。

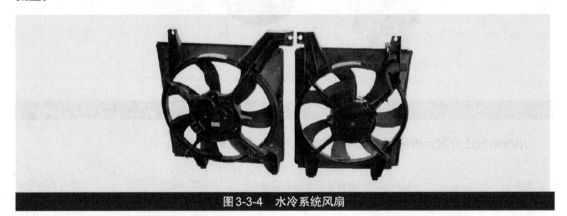

图3-3-4　水冷系统风扇

3. 水泵

水泵的作用:对冷却液加压,使之在冷却系中加速循环流动。水泵的结构形式有多种,但由于机械离心式水泵具有结构简单、尺寸小、出水量大,同时当水泵因故障而停止工作时,不妨碍冷却液在冷却系内热对流而自然循环等优点,因此机械离心式水泵在汽车发动机上得到了广泛的应用。

离心式水泵主要由叶轮转子和泵体两大部分组成,如图3-3-5所示。转子上有6枚塑料叶片,壳体与转子之间用橡胶密封圈进行密封。曲轴上的皮带轮通过V形皮带带动水泵叶轮旋转。水泵安装位置图见图3-3-6。

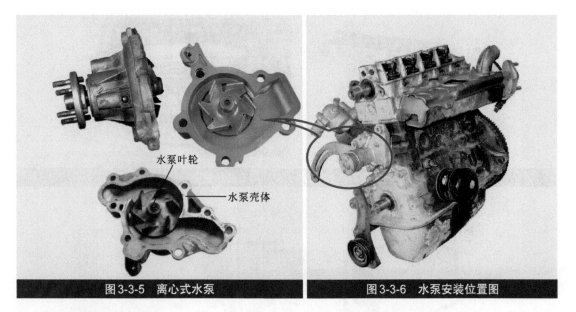

图3-3-5　离心式水泵	图3-3-6　水泵安装位置图

水泵叶轮

水泵壳体

4.节温器

节温器安装在水泵的进水口或气缸盖的出水口处。其作用是根据发动机负荷和冷却液温度的高低，自动改变冷却液的循环路线及流量，以使发动机始终保持正常的工作温度。目前汽车上多采用蜡式节温器，其核心部分为蜡质感温元件。当温度升高时，节温器外壳中的石蜡由固体变为液体，体积增大，挤压橡胶套推动压缩弹簧向下移动。此时阀门开启。当温度下降时，石蜡变为固体体积收缩，阀门在弹簧作用下关闭。节温器的实物图如图3-3-7所示。

图3-3-7　节温器

🚗 第二节　蓄电池结构认识

蓄电池是汽车上的两个电源之一，它是一种可逆直流电源，如图3-3-8所示。在汽车上与发电机并联，其主要作用是：

（1）发动机起动时，向起动机和点火系统供电。

（2）发电机不发电或电压较低时，向用电设备供电。

（3）当用电设备同时接入较多使得发电机超载时，协助发电机供电。

（4）将发电机的电能转变为化学能储存起来（即充电）。

此外，蓄电池还相当于一个容量很大的电容器，在发电机转速和用电负载发生较大变化时，可保持汽车电网电压相对稳定。蓄电池还可吸收电网中随时出现的瞬间过电压，以保护用电设备尤其是电子元器件不被损坏，这一点对装有大量电子系统的现代新型汽车是非常重要的。发动机绝不允许脱开蓄电池运转。

普通蓄电池主要由极板、隔板、外壳、电解液、联条等部分组成，如图3-3-9所示。盛装有电解液，插入多个用隔板隔开的正负极组便成为单体电池。每个单体电池的标称电压为2V，将6个或12个单体电池串联后便成为一只12V或24V蓄电池总成。

图3-3-8 蓄电池的实物与安装位置图

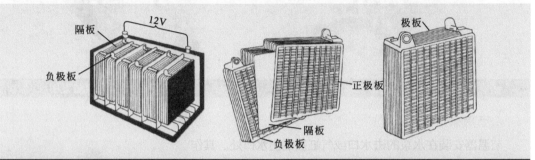

图3-3-9 蓄电池结构图

第三节 发电机的结构认识

　　汽车电源虽然有蓄电池，但蓄电池的主要作用是起动发动机以及在发动机不工作时充当备用电源。在发动机正常工作时，由发电机向全车用电设备供电，同时发电机还要对蓄电池进行补充充电。

　　汽车上所用的交流发电机大多为三相交流发电机，主要由三相同步交流发电机和硅二极管整流器组成，所以又称为硅整流发电机，简称交流发电机。目前汽车上所用的交流发电机，按调节器是否单独安装可分为两大类：一类是调节器单独安装，称为普通硅整流发电机，此类发电机多数用于中低档车型，如解放CA1092等；另一类是调节器安装在发电机内部，称为整体式硅整流发电机，此类发电机广泛用于中高档车型，如奥迪轿车等。轿车车用交流发电机的外形和安装位置如图3-3-10所示。

发电机实物

图3-3-10 发电机实物与安装位置图

目前国内外生产的汽车交流发电机，其结构基本相同，主要由转子、定子、前端盖、后端盖、带轮及风扇等组成。图3-3-11为交流发电机分解图。

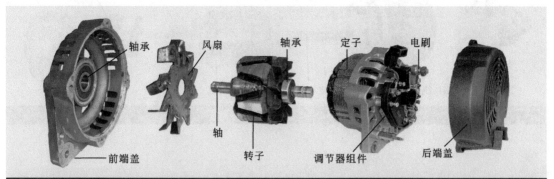

图3-3-11　交流发电机分解图

第四节　起动机的结构认识

汽车发动机没有自起动能力，需由外力带动曲轴旋转才能进入正常工作状态。电力起动机（图3-3-12）起动具有结构简单、操作方便、起动迅速、成本低、可靠性好等优点，所以在现代汽车中广泛采用。

电力起动系统一般安装在发动机的飞轮上，由起动机（俗称"马达"）、传动机构和电磁开关三部分组成，如图3-3-13所示，其分解图如图3-3-14所示。

图3-3-12　起动机的安装位置图

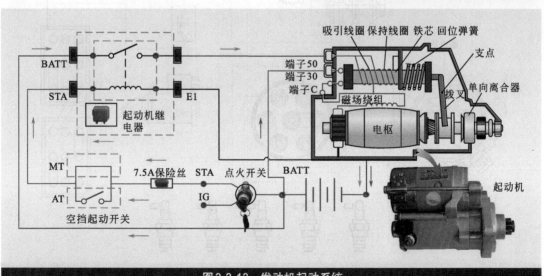

图3-3-13　发动机起动系统

图 3-3-14　起动机的分解图

图中标注：铁芯转子　换向器　电刷架　后端盖　前端盖　磁场绕组　电枢轴　电枢绕组

第五节　点火系统

点火系统是通过电流将气缸内的压缩可燃混合气点燃，使其燃烧的装置。发动机点火系统，按其组成和产生高压电方式的不同可分为传统蓄电池点火系统、电子点火系统、微机控制点火系统和磁电机点火系统。

一、传统点火系统

传统点火系统主要由点火线圈、断电器、配电器和火花塞组成（图 3-3-15）。

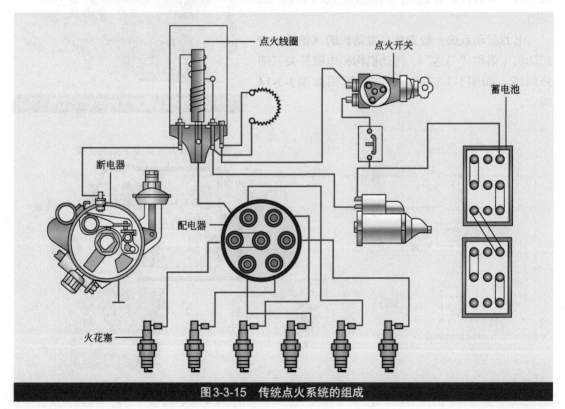

图 3-3-15　传统点火系统的组成

图中标注：点火线圈　点火开关　蓄电池　断电器　配电器　火花塞

二、电子点火系统

目前国内外汽车上使用的电子点火系统主要分为有触点的电子点火系统和无触点的电子点火系统两大类。无论是哪一类电子点火系统，都是利用电子元件（晶体三极管）作为开关来接通或断开点火系统的初级电路，通过点火线圈来产生高压电。

电子点火系统与传统蓄电池点火系统相比具有点火可靠、使用方便等优点，是目前国内外汽车上广泛采用的点火系统，其组成如图3-3-16所示。

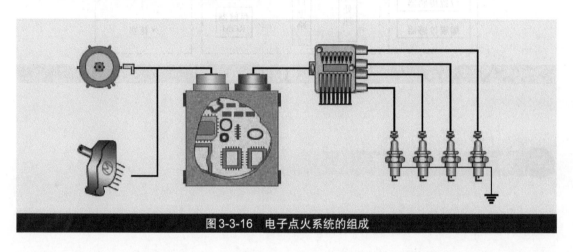

图3-3-16　电子点火系统的组成

三、微机控制点火系统

微机控制点火系统一般由传感器、微机控制器、点火执行器等组成，如图3-3-17所示。其原理如图3-3-18所示。

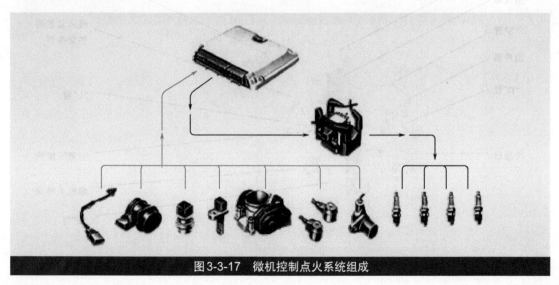

图3-3-17　微机控制点火系统组成

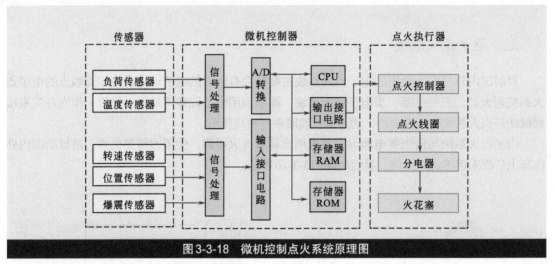

图3-3-18　微机控制点火系统原理图

第六节　汽车空调系统

一、汽车空调系统的组成及作用

汽车空调系统由制冷系统、取暖系统、通风系统、操纵控制系统四大部分组成。汽车空调位置图如图3-3-19所示，其系统结构图如图3-3-20所示。

图3-3-19　空调系统在车上的布置图

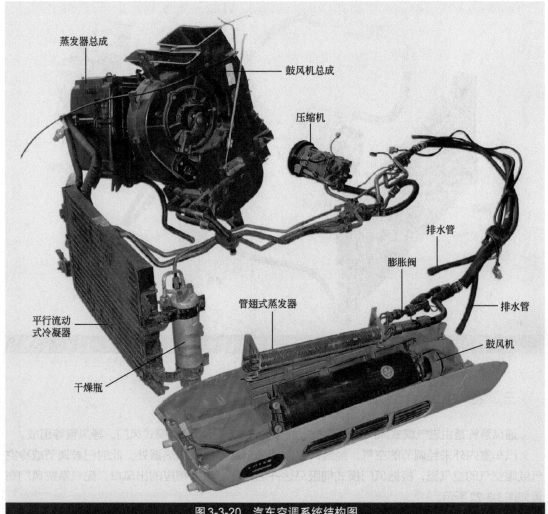

蒸发器总成

鼓风机总成

压缩机

排水管

膨胀阀

排水管

鼓风机

平行流动
式冷凝器

管翅式蒸发器

干燥瓶

图3-3-20　汽车空调系统结构图

二、汽车空调系统的分类

（1）按照空调系统功能的不同可分为单一功能式和组合功能式。单一功能式是指制冷系统和取暖系统各自独立、自成系统，一般用于大、中型客车。组合功能式是指制冷系统和取暖系统合用一个鼓风机、一套操作机构的系统。

（2）按照制冷系统驱动方式的不同可分为非独立和独立式两种。非独立式制冷系统的压缩机由汽车发动机驱动，空调工作状态受发动机工况的影响，一般多用于中、小型汽车。独立式制冷系统的压缩机由专用空调发动机（也称副发动机）驱动，空调的工作状态不受汽车发动机工况影响，具有工作稳定、制冷量大等优点，多用于大、中型客车。

（3）按照取暖系统热源的不同可分为非独立式和独立式两种。非独立式取暖系统的热量来源于汽车发动机冷却液。独立式取暖系统是在汽车底盘上另外加装一个发热器。空调制冷系统是由压缩机、冷凝器、储液干燥器、膨胀阀、蒸发器、散热风扇和制冷管道组成，如图3-3-21所示。制冷循环分成四个阶段：制冷剂的压缩、冷凝、膨胀和蒸发。

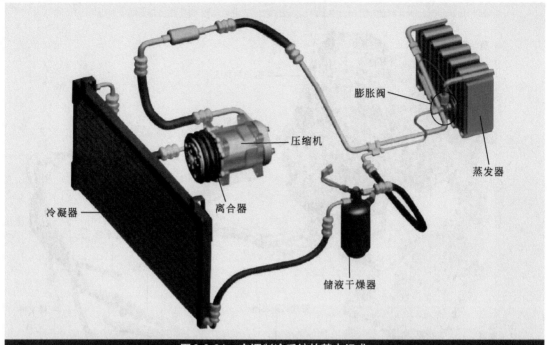

图3-3-21　空调制冷系统的基本组成

三、通风系统

通风系统是由进气模式风门、鼓风机、混合气模式风门、气流模式风门、导风管等组成。

汽车室内外未经调节的空气，经鼓风机作用送至蒸发器或加热器处，此时已被调节成冷空气或暖空气的空气流，根据风门模式伺服马达开启角度而流向相应的出风口。配气系统风门布置如图3-3-22所示。

图3-3-22　通风系统风门布置图

四、操纵控制系统

汽车空调的操纵机构如图3-3-23所示。

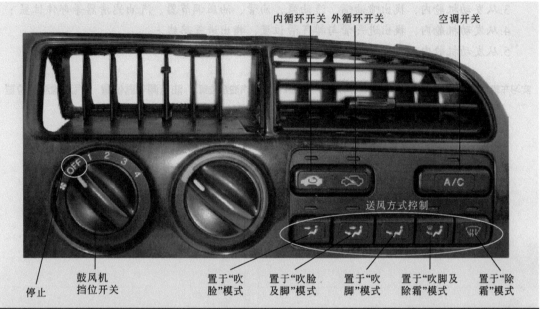

图 3-3-23　空调开关面板符号示意

内循环开关：选择内循环开关时，车内的空气在车内循环，此时车外的热空气进不到车内。

外循环开关：车外的新鲜空气在鼓风机的带动下就会进入车内。

空调开关：当空调开关A/C打开时，A/C开关指示灯会亮。

停止：关闭鼓风机、压缩机及温度显示。

课题四　汽油车燃油供给系统认识

学习目的

1. 熟悉汽油车燃油供给系统的作用；
2. 对照实物掌握汽油车燃油供给系统的位置；
3. 了解电控汽油机的结构组成；
4. 对照实物掌握汽油车进排气系统的组成和作用。

设备和工具

汽车整车，电喷发动机台架。

📶 学习过程

1.在电喷发动机台架上找出燃油供给系统各组成位置；

2.在汽车整车上找出油箱位置，然后打开汽车前盖；

3.从发动机舱内，找出喷油嘴、汽油泵、油管、油压调节器、汽油滤清器等部件位置；

4.从发动机舱内，找出进气管与排气管位置，指出进气路线；

5.从发动机舱内，打开空气滤清器盖，判断滤芯材质。

实习车辆/台架名称	油箱位置	油管材料	喷油嘴位置	汽油泵位置	油压调节器位置	汽油滤清器位置

✏️ 其他记录

_____

_____

_____

_____

_____

🚗 第一节　燃油供给系统

　　燃油供给系统的作用：将燃料通过一系列供油部件定时、定量地输送到气缸内进行燃烧，为发动机提供能源。汽油机供给系统的作用是储存、输送、清洁燃料，根据发动机各种不同工况的要求，配制出一定数量和浓度的可燃混合气，供入气缸，并在做功完毕后，将废气排出。如图3-4-1所示。

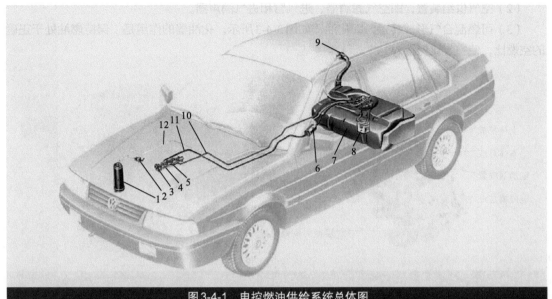

图 3-4-1　电控燃油供给系统总体图

1—活性炭罐；2—活性炭罐电磁阀；3—燃油压力调节器；4—燃油分配管；
5—喷油器；6—燃油滤清器；7—燃油箱；8—电动汽油泵；9—加燃油口；
10—回油管；11—供油管；12—燃油箱油气排放管

汽油机的供给系统按燃油供给方式主要有化油器式和电控燃油喷射式两种，后者在现代轿车上的应用越来越广泛。

一、化油器式燃油供给系统

化油器式汽车燃油供给系统主要由下列装置组成，如图3-4-2所示。

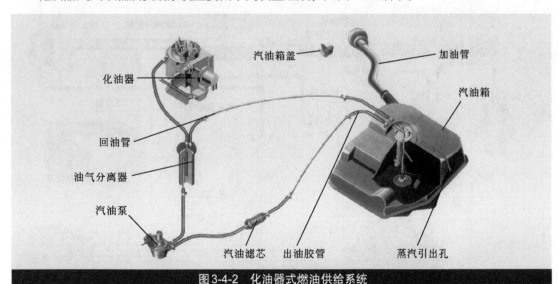

图 3-4-2　化油器式燃油供给系统

（1）燃油供给装置，包括油箱、汽油泵、汽油滤清器和输油管。燃油供给装置的主要任务是储存、输送及清洁燃料，供发动机在需要时使用。燃油泵将燃油从油箱中吸出，然后送到化油器。

（2）空气供给装置，即空气滤清器、进气管和进气消声器。

（3）可燃混合气形成装置，即化油器如图3-4-3所示。化油器的作用是：保持燃油处于正确的空燃比，使空燃比保持为14.7∶1。

图3-4-3　化油器结构实物图

为了保证发动机在各种不同工况时，达到最佳燃烧状态，必须要求燃油供给系统配制出不同浓度、不同数量的可燃混合气，并要求混合均匀，因而化油器是其中关键的部件。

（4）废气排出装置，包括排气管，消声器。

二、电控燃油喷射系统主要零件及安装位置

由于化油器结构的局限性以及人类对环境保护的日益重视，化油器式供油系统已渐淘态。近年来，大多数轿车和货车的汽油发动机都采用电控燃油喷射系统，如图3-4-4所示。

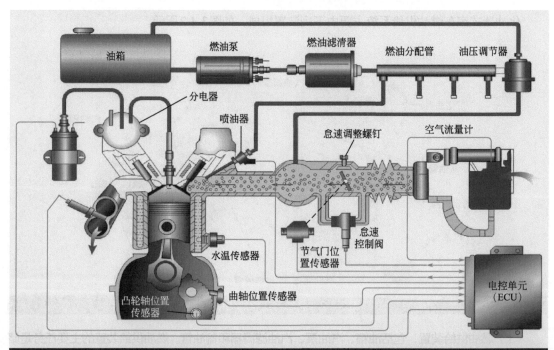

图3-4-4　电控燃油喷射系统

电控燃油喷射系统的部件主要有传感器、油箱、燃油泵、燃油滤清器、燃油压力调节器、燃油管、燃油分配管、喷油器、节气门体等。电控发动机燃油供给系统如图3-4-5所示。

图3-4-5 电控发动机燃油供给系统

（1）油箱（图3-4-6）

（2）燃油泵（图3-4-7）

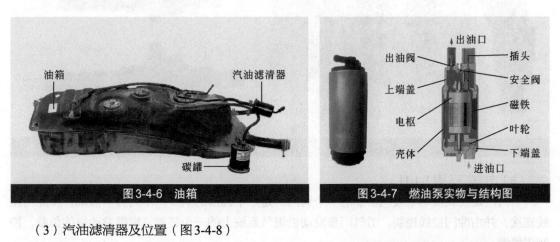

图3-4-6 油箱

图3-4-7 燃油泵实物与结构图

（3）汽油滤清器及位置（图3-4-8）

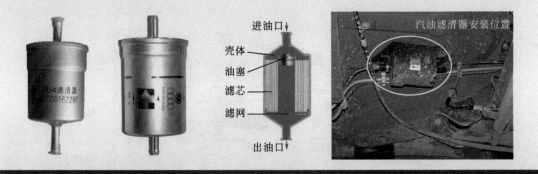

图3-4-8 汽油滤清器及其安装位置图

（4）燃油压力调节器及安装位置（图3-4-9）

图3-4-9　燃油压力调节器及安装位置图

（5）喷油器（图3-4-10）

喷油器的作用是将燃油雾化成较细的颗粒，并喷入到燃烧室中和空气形成良好的可燃混合气。

图3-4-10　喷油器

（6）节气门（图3-4-11）

节气门是控制发动机吸气多少的一个阀门。是一个圆形的钢片，中间有一根轴，和油门拉线连接，并由油门拉线控制。节气门是发动机进气系统上的一个装置。根据发动机的负载，控制进气量。

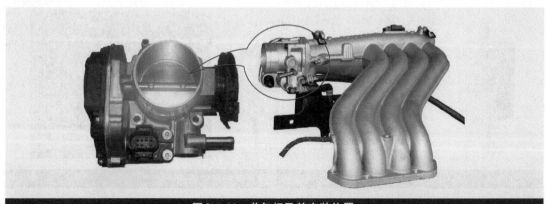

图3-4-11　节气门及其安装位置

（7）燃油管和燃油管接头（图3-4-12、图3-4-13）

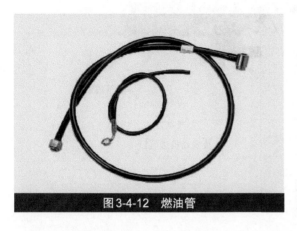

图3-4-12　燃油管

图3-4-13　燃油管接头

第二节　进排气系统

　　进排气系统对发动机的工作相当重要，进气系统提供给气缸足够的洁净空气，而排气系统则以最低的排气阻力和噪声将废气排到大气中。发动机进排气系统如图3-4-14所示。

进气软管
空气滤清器
排气歧管
进气歧管

主消声器
中间消声器
三元催化净化器
双排气管

图3-4-14　发动机进排气系统

一、进气系统

　　进气系统的主要部件一般包括空气滤清器及其导管和进气歧管，如图3-4-15所示。空气滤清器的作用是：滤除空气中的杂质，使洁净的空气进入气缸。它一般由空气滤清器壳体、空气滤清器芯以及空气管等组成。

1.空气滤清器（图3-4-16）

　　空气滤清器根据滤芯的结构特点可分：油浴式滤清器（多用于越野车上，其滤芯清洗后可重复使用）；纸滤芯空气滤清器（重量轻、成本低、滤清器效果好）；离心式空气滤清器（多用于重型货车上）。

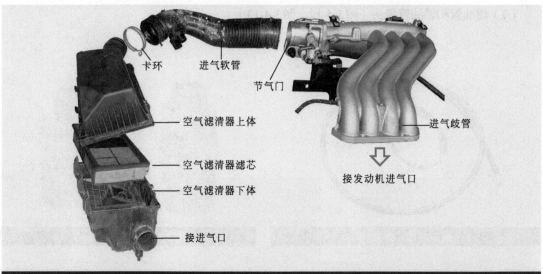

卡环
进气软管
节气门
空气滤清器上体
空气滤清器滤芯
空气滤清器下体
接进气口
进气歧管
接发动机进气口

图 3-4-15　发动机进气系统

纸质空气滤清器滤芯　　　圆形空气滤清器

图 3-4-16　空气滤清器

2.进气歧管（图 3-4-17）

结构特点：进气歧管一般采用铸铁铸造而成，也有的采用铝合金铸造，在正常使用情况下，进气歧管一般不会损坏，但进气歧管衬垫属于易损件，如果进气歧管接口发生漏气现象就需要更换进气歧管衬垫。

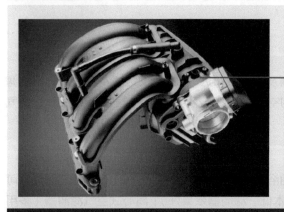

图 3-4-17　进气歧管及其安装位置

3.进气软管（图3-4-18）

进气软管是指空气滤清器前端以及连接空气滤清器和进气歧管的空气管道。

早期的进气管一般采用薄钢板制造，现代的进气管大多由塑料制成。进气管在使用过程中容易发生变形、破裂等损坏。如有损坏，一般都予以更换。

图3-4-18　进气软管

二、排气系统

排气系统的零部件主要有排气歧管、排气管及其密封件、催化转化器、消声器、排气尾管、隔热罩等。

1.排气歧管（图3-4-19）

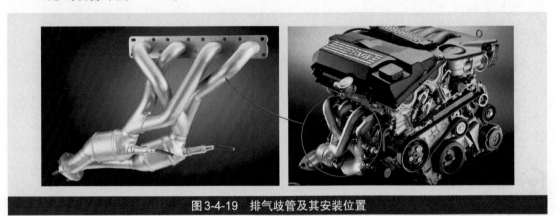

图3-4-19　排气歧管及其安装位置

2.消声器（图3-4-20）

消声器是降低和衰减排气压力、消降排气噪声的零件，一般采用镀铝钢或不锈钢制造，按内部消声结构形式可分为逆流式和直流式。

结构特点：有的消声器与排气管焊成一体，有的则通过螺栓与排气管连接。

消声器

图3-4-20　消声器

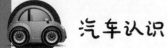

3.三元催化器（图3-4-21）

图3-4-21 三元催化器

课题五 汽车传动系统构造认识

学习目的

1.认识离合器的作用和结构；
2.认识手动变速器和自动变速器的结构；
3.认识传动装置的组成；
4.认识驱动桥的作用与组成。

设备和工具

汽车整车，离合器台架，手动变速器台架，自动变速器台架，万向节台架。

学习过程

1.打开汽车前盖，在发动机舱内找出离合器安装位置；
2.在实训台架上指出离合器的位置；
3.在离合器台架上判断该台架离合器类型；
4.打开汽车车门，进入驾驶室，确认已拉手刹，挡位处于N挡或P挡。
5.记录本车的挡位情况及挡位数，并画出挡位布置图；
6.根据挡位布置图判断本车采用的变速器类别；
7.从变速器台架上指出变速器各结构组成；
8.将汽车驶上举升机，升起汽车，从汽车下部找出万向节安装位置；
9.从万向节台架上指出万向节各结构组成。

实习车辆名称	离合器位置	挡位布置图	变速器类别 （MT/AT/AMT）	万向节位置	万向节类别

其他记录

_____

_____

_____

_____

第一节　离合器构造认识

　　离合器是汽车传动系统中一个重要部件，主要用来接合或切断动力的传递，以满足汽车在起步、行驶、制动等情况时的需要，安装在发动机飞轮的后端面（图3-5-1、图3-5-2）。其主要部分与飞轮相连，从动部分与变速器相连，由驾驶员通过脚踩踏板来操纵。离合器的作用是：保证汽车平稳起步；使换挡时工作平顺；防止传动系过载。

图 3-5-1　离合器安装在发动机与变速器之间

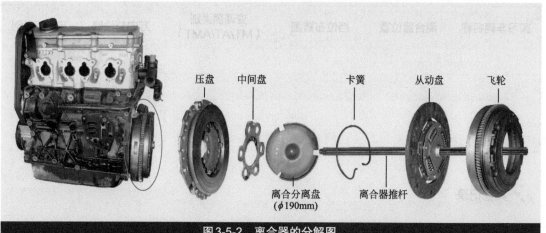

图3-5-2　离合器的分解图

一、离合器的组成

离合器由主动部分、从动部分、压紧机构、操纵机构四部分组成，如图3-5-3所示。

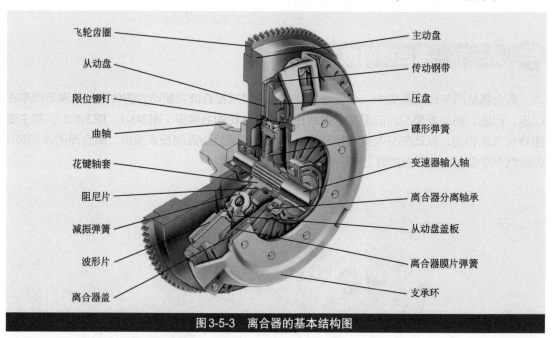

图3-5-3　离合器的基本结构图

二、离合器操纵机构

离合器操纵机构是驾驶员借以使离合器分离和接合的一套机构。它起始于离合器踏板，终止于飞轮壳内的分离轴承。

离合器操纵机构的作用是使离合器分离，并使之柔和接合以适应换挡和泊车、起步的需要。

离合器操纵机构按其作用和结构型式来分有非自动式和自动式两类，其中非自动式又包括机械式、液压式、气压式三种。目前广泛采用的是机械式和液压式操纵机构。

1. 机械式离合器操纵机构（图3-5-4）

机械式离合器操纵机构通常有杠杆式、绳索式两种。

杠杆式离合器操纵机构由踏板、回位弹簧、拉杆调节叉、分离叉、分离轴承等组成。杠杆式操纵机构结构简单，工作可靠，但杠杆间的铰接多，中间磨损大，当车身和车架发生变形时，影响其正常工作。

绳索式离合器操纵机构在微型车上应用广泛，这种传动装置，由于拉索磨损较大，其工作时受到车身或拉杆、拉索变形等影响会导致行程损失过大，但结构简单，制造成本低。

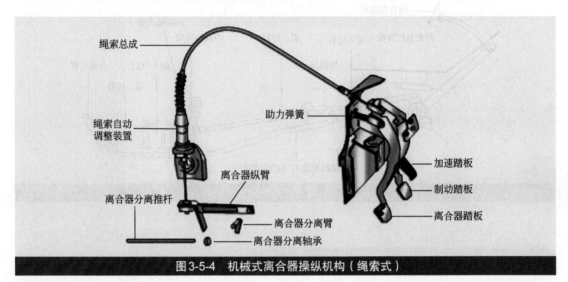

图3-5-4　机械式离合器操纵机构（绳索式）

2. 液压式离合器操纵机构（图3-5-5）

液压式离合器操纵机构主要由离合器分离主缸、工作缸、油压管路、离合器分离踏板及一些附属零件组成。液压式离合器操纵机构具有摩擦阻力小、重量轻、操纵轻便、接合柔和、布置方便、不受车身车架变形的影响等优点，另外还采用了吊挂式踏板，提高了车身内的密封性，因此应用较为广泛。

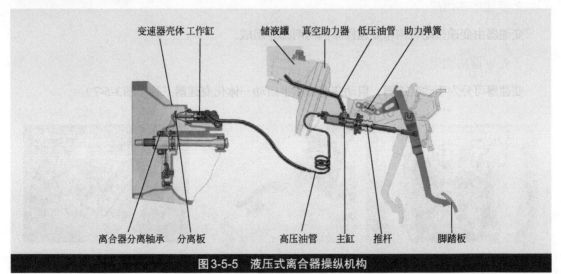

图3-5-5　液压式离合器操纵机构

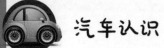

3.气压式离合器操纵机构（图3-5-6）

气压式离合器操纵机构是利用离合器踏板来控制操纵阀的动作，从而控制进入工作气缸中的气体而实现离合器的分离与接合。

这种离合器操纵机构，驾驶员不直接操纵离合器，而是通过气体进行控制，驾驶员只需控制操纵阀即可，因而劳动强度降低，但是这种操纵机构必须在保证有足够的气压前提下工作，因而驾驶员要在发动机运行片刻使气压达到足够时才能驾驶汽车运行。

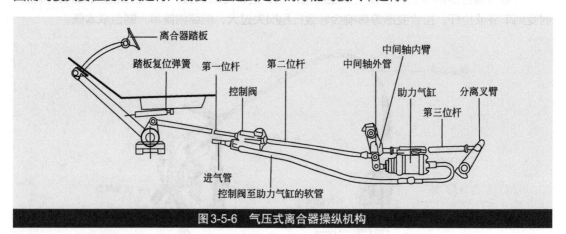

图3-5-6　气压式离合器操纵机构

第二节　变速器的构造认识

1.变速器的作用

（1）改变传动比，从而改变传递给驱动轮的转矩和转速；

（2）实现倒车；

（3）利用空挡中断动力的传递。

2.变速器的组成

变速器由变速传动机构和变速操纵机构两部分组成。

3.变速器的类型

变速器可分为手动变速器、自动变速器和手自动一体化变速器三种（图3-5-7）。

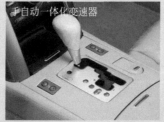

图3-5-7　变速器

一、手动变速器构造认识

手动变速器如图3-5-8所示：是指通过拨动变速杆改变变速器内的齿轮啮合状态，改变传动比，从而达到变速目的的一种变速器。

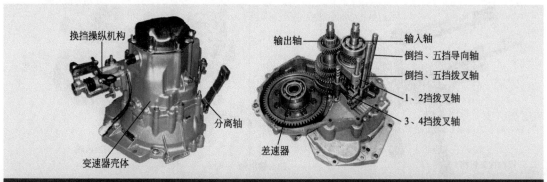

图3-5-8 手动变速器

齿轮式传动变速器由变速传动机构和变速操纵机构两部分组成，变速传动机构主要由壳体、第一轴（又称输入轴、主动轴）、第二轴（又称输出轴、从动轴）、中间轴、倒挡轴、各挡齿轮和轴承等组成，其作用是改变扭矩和转速的数值及方向；变速操纵机构主要由盖、操纵装置、自锁装置、互锁装置和倒挡保险装置等组成，其作用是控制传动机构实现变速器传动比和转向的变换——完成换挡操作。

1.变速器传动机构

普通有级式变速器的传动机构有二轴式和三轴式两种。

（1）二轴式变速器，如图3-5-9所示。在汽车传动系中，对于那些采用发动机前置前轮驱动或发动机后置后轮驱动的汽车，由于受到总体布置的影响，一般广泛采用二轴式变速器。如一汽大众生产的捷达轿车、上海通用的别克赛欧轿车。二轴式变速器即变速器中设有输入轴、输出轴和倒挡轴，而不设置中间轴的变速器。

图3-5-9 二轴式变速器安装位置与结构图

（2）三轴式变速器，如图3-5-10所示。对于客车或中重型载货汽车，在传动系统中，要求输出更大的扭矩和实现较大的速度变动范围，一般广泛采用三轴式变速器，如东风EQ1092型汽车上的变速器。即变速器除设有输入轴、输出轴、倒挡轴之外，另设有中间轴的变速器。

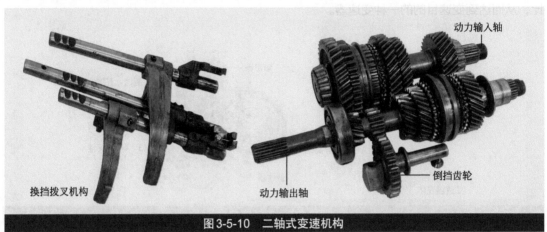

图3-5-10　二轴式变速机构

2.变速器操纵机构

变速器操纵机构的作用：用来执行驾驶员的换挡操作，改变变速器的齿轮啮合状态，使变速器挂入某个挡位，并可根据路况使变速器退到空挡状态。其主要部分位于变速器盖内，包括换挡机构、锁定机构、互锁机构，如图3-5-11所示。

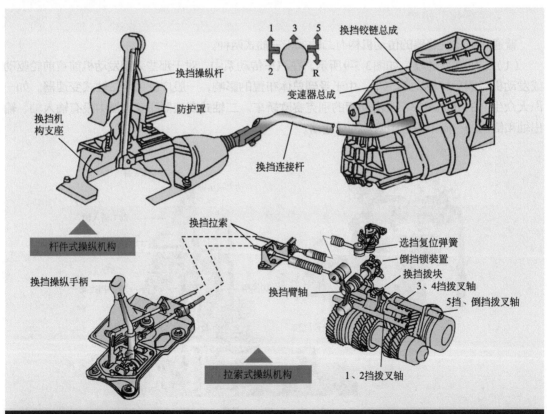

图3-5-11　两种常见的变速器操纵机构

根据变速器变速杆与变速器的相对位置的不同，可分为直接操纵式、远距离操纵式两种类型。

各种变速器的操纵机构基本相同，都包含两个重要部分：换挡拨叉和定位锁止装置。

（1）直接操纵式变速操纵机构（图3-5-12）。

直接操纵式变速操纵机构一般由手柄、变速操纵杆、铰链、限位及防护装置、中间连接杆件构成。二汽东风EW1090-I型汽车、一汽解放CA1091型汽车变速器等均属于此类。

（2）远距离操纵式变速操纵机构（图3-5-13）。

远距离操纵式变速操纵机构，也称遥控式换挡机构或换挡操纵装置。其一般由两大部分组成：一部分是变速器内部的杆系部分；另一部分是外部远距离操纵部分，它们通过控制拨叉轴的运动与变速器壳体内的操纵机构连接从而实现选挡和换挡。内部杆系与直接操纵式变速操纵机构相似，外部远距离操纵部分可由杆或拉线组成。

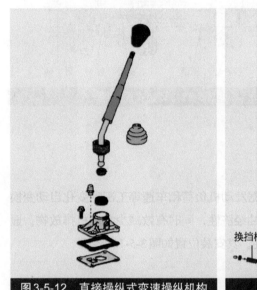

图3-5-12　直接操纵式变速操纵机构

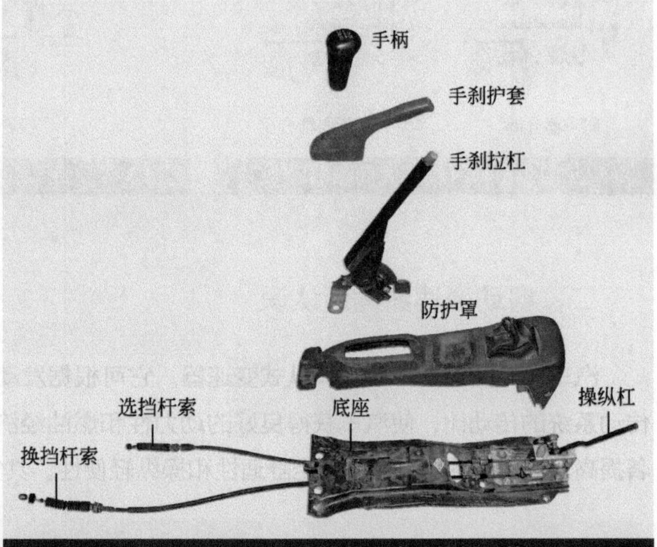

图3-5-13　远距离操纵式变速操纵机构

（图3-5-13 标注：手柄、手刹护套、手刹拉杠、防护罩、操纵杠、底座、选挡杆索、换挡杆索）

3.同步器

汽车在换挡过程中，要顺利地挂挡，必须使待啮合的一对齿轮轮齿的圆周速度相等，或者使接合套内外花键齿圈的圆周速度相等（称同步），才会使之平顺地进入啮合而挂挡（也称同步挂挡）。如果不同步，即强行挂挡，将在挂挡时产生冲击力和噪声，不但不易挂上挡，而且会加速齿轮的磨损，严重时还会损坏齿轮，因此现代汽车变速器广泛采用同步器换挡。

（1）同步器的作用

同步器是在接合套的基础上发展起来的。其结构中除有接合套、齿轮毂及对应的接合齿圈外，还增设了使接合套与应接合齿圈迅速同步的机构（推动件和摩擦件）和阻止同步前进行接合的防冲击结构（锁止装置）。

作用：使接合套与待接合齿圈两者之间能迅速同步；阻止在同步之前轮齿进行啮合；防止产生接合齿圈之间的冲击；缩短换挡时间，迅速完成换挡操作；延长齿轮寿命。

（2）同步器的组成及分类

目前所使用的同步器几乎都是采用摩擦式同步装置，但其锁止装置不同，因此工作原理也

有所不同。按工作原理可分为常压式、惯性式和自动增力式三种，现在广泛采用的是惯性式同步器。

惯性式同步器根据锁止机构不同，可分为锁环式（图3-5-14）和锁销式（图3-5-15）两种。

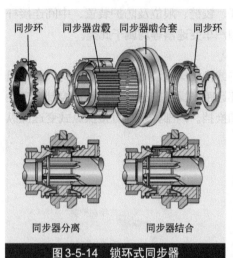

图3-5-14 锁环式同步器

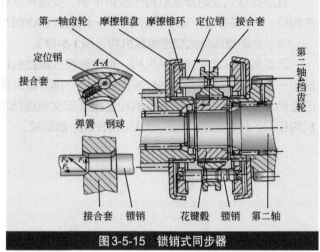

图3-5-15 锁销式同步器

二、自动变速器构造认识

汽车自动变速器即自动操纵式变速器。它可根据发动机负荷和车速等工况的变化自动变换传动系统的传动比，使汽车获得良好的动力性和燃油经济性，同时有效减少发动机排放物，显著提高车辆行驶的安全性、乘坐舒适性和操纵轻便性。其安装位置如图3-5-16所示。

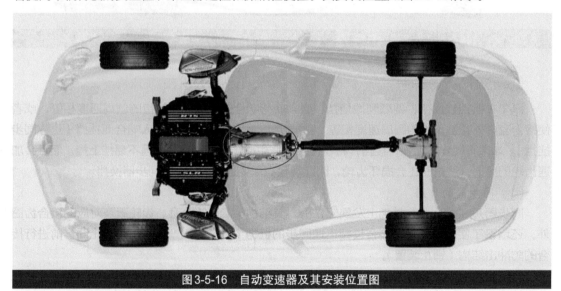

图3-5-16 自动变速器及其安装位置图

自动变速器主要由液力变矩器、齿轮变速器、液力控制系统、电子控制系统等几部分组成，如图3-5-17所示。

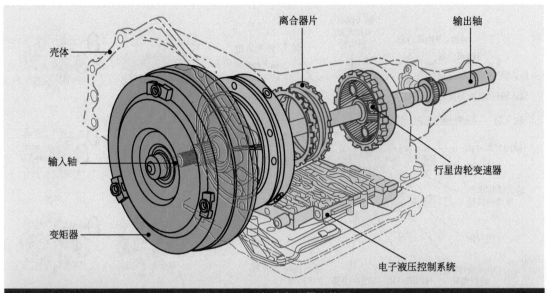

图3-5-17　自动变速器结构图

1.液力变矩器

液力变矩器位于自动变速器的最前端，如图3-5-18所示。它通过螺栓与发动机的飞轮相连，其作用与采用手动变速器汽车的离合器相似。它利用液力传动的原理，将发动机的动力传给自动变速器的输入轴。

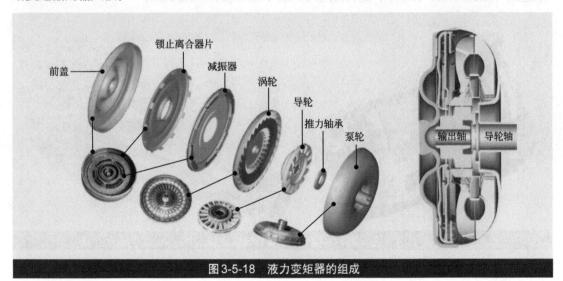

图3-5-18　液力变矩器的组成

液力变矩器主要由泵轮、涡轮、导轮和变矩器外壳等部件组成，与液力耦合器的最大区别是增加了导轮。

2.平行轴式自动变速器

平行轴式自动变速器采用普通齿轮啮合传动，通过换挡离合器改变不同齿轮的搭配，实现传动比（挡位）的变换。如图3-5-19所示。平行轴式自动变速器体积较大，使用车型少。广州本田汽车有限公司生产的广州本田雅阁轿车所使用的变速器就是平行轴式自动变速器。

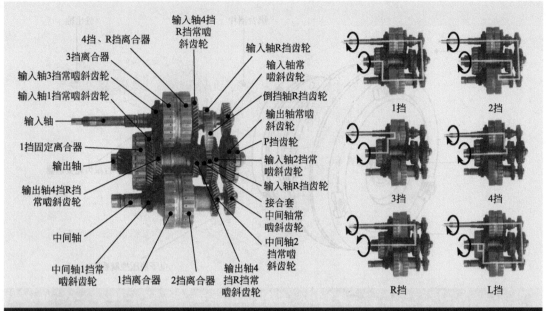

输入轴4挡
R挡常啮
斜齿轮

4挡、R挡离合器
3挡离合器
输入轴3挡常啮斜齿轮
输入轴1挡常啮斜齿轮
输入轴
1挡固定离合器
输出轴
输出轴4挡R挡
常啮斜齿轮
中间轴
中间轴1挡常
啮斜齿轮
1挡离合器
2挡离合器

输入轴R挡齿轮
输入轴常
啮斜齿轮
倒挡轴R挡齿轮
输出轴常啮
斜齿轮
P挡齿轮
输入轴2挡常
啮斜齿轮
输入轴R挡齿轮
接合套
中间轴常
啮斜齿轮
中间轴2
挡常啮
斜齿轮
输出轴4
挡R挡常
啮斜齿轮

1挡　　2挡

3挡　　4挡

R挡　　L挡

图3-5-19　平行轴式自动变速器结构与动力传输

3.行星齿轮式自动变速器

行星齿轮式自动变速器采用行星齿轮传动，如图3-5-20所示。通过换挡执行元件实现挡位的变换。它结构紧凑、体积小，是目前绝大多数汽车采用的自动变速器。

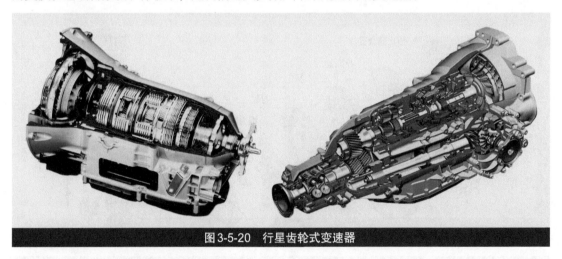

图3-5-20　行星齿轮式变速器

4.无级式自动变速器

无级式自动变速器的结构示意简图如图3-5-21所示。它采用钢带或链条传动，主、从动带轮的槽宽（带轮的直径）可以改变，从而改变钢带的传动比。这种变速器（Continuously Variable Transmission）又称为CVT，可以实现一定范围内的无级变速，即传动比的变化是连续、无间断的。CVT已经在部分轿车上使用，国产奥迪（Audi）A6、南京菲亚特等车型就使用了CVT。随着材料技术的进步，如果传动钢带或链条的寿命得以延长，CVT将会在越来越多的车型上得到应用。

图3-5-21　无级自动变速器

三、分动器

越野汽车因多轴驱动而装有分动器。目前大多数越野汽车装用两挡分动器，兼起副变速器的作用。其输入轴直接或通过万向传动装置与变速器第二轴相连，其输出轴则有几个，分别经万向传动装置与各驱动桥相连。其作用为：

（1）将变速器输出的动力分配给各驱动桥；

（2）当分动器有两个挡位时兼起副变速器的作用。分动器可以分为单速式和双速式两种，主要由壳体、齿轮传动系统和操纵机构等组成，如图3-5-22所示。

分动器

图3-5-22　分动器实物与四轮驱动汽车总体布置

🚗 第三节　万向传动装置的认识

在汽车传动系统及其他系统中，为了实现一些轴线相交或相对位置经常变化的转轴之间的动力传递，必须采用万向传动装置。万向传动装置一般由万向节和传动轴组成，有时还要有中间支承，如图3-5-23所示。

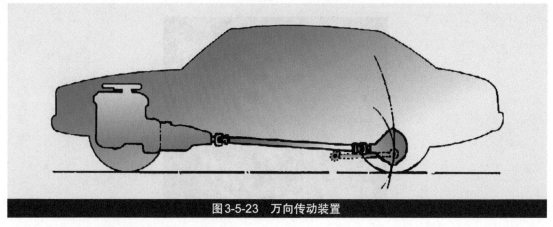

图3-5-23 万向传动装置

一、万向传动装置的作用及组成

1.作用

要实现汽车上任何一对轴线相交且相对位置经常变化的转轴之间的动力传递，都需要设置万向传动装置。万向传动装置不仅用于汽车传动系中，也用于动力输出装置和转向操纵机构——转向驱动桥的两段半轴之间。

2.组成

万向传动装置一般由万向节和传动轴组成。对于传动距离较远的分段式传动轴，还需设置中间支承。通常由2～3个万向节、中间传动轴、传动轴和中间支承等组成。

二、不等速万向节（图3-5-24）

不等速万向节因其结构简单、工作可靠、传动效率高，且它允许相邻两轴的最大交角为15°～20°，所以普遍应用于各类汽车传动系统中。

速度特性：单个使用在两轴之间有夹角的情况下，其两轴的角速度是不相等的，即主动轴等速转1周时，从动轴会出现两次周期性的超前或滞后变化。

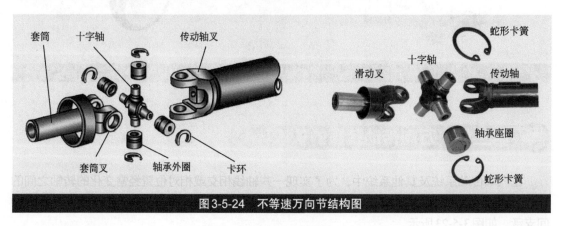

图3-5-24 不等速万向节结构图

三、等速万向节（图3-5-25）

在独立悬架的转向驱动桥中，由于受轴向尺寸的限制及要求偏转角大等原因，普通万向节已不能适应其要求，所以广泛采用了多种类型的等速万向节，常见的等速万向节有双联式、三销轴式、球叉式和球笼式。

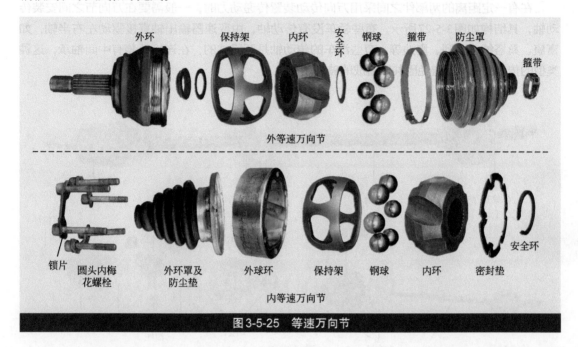

外环　保持架　内环　安全环　钢球　箍带　防尘罩　箍带

外等速万向节

锁片　圆头内梅花螺栓　外环罩及防尘垫　外球环　保持架　钢球　内环　密封垫　安全环

内等速万向节

图3-5-25　等速万向节

四、挠性万向节（图3-5-26）

挠性万向节依靠其弹性件的弹性变形来保证在相交两轴间传动时不发生机械干涉。

弹性件采用橡胶盘、橡胶金属套筒、六角形橡胶圈等结构。因弹性件的弹性变形有限，故挠性万向节适用于两轴间夹角不大（3°～5°）和微量轴向位移的万向传动装置。如有的汽车发动机与变速器之间、变速器与分动器之间装有挠性万向节，以消除制造安装误差和车架变形对传动的影响。

图3-5-26　挠性万向节结构图

汽车认识

五、传动轴和中间支承

1.传动轴

在有一定距离的两部件之间采用万向传动装置传递动力时,一般需要在万向节之间安装传动轴,其结构如图3-5-27所示。有些轿车没有传动轴,由变速器输出轴直接驱动左右半轴,如富康、桑塔纳、夏利、奥迪等。有些汽车的传动轴是两段式的,在连接处装有中间轴承,这种类型的传动轴可有效避免因共振造成的破坏。

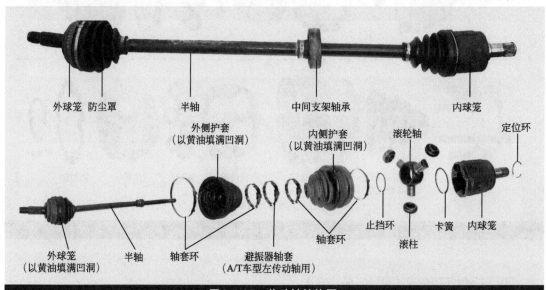

图3-5-27 传动轴结构图

传动轴的作用:将变速器的转矩传递到驱动桥。

传动轴的运动状态如图3-5-28所示。

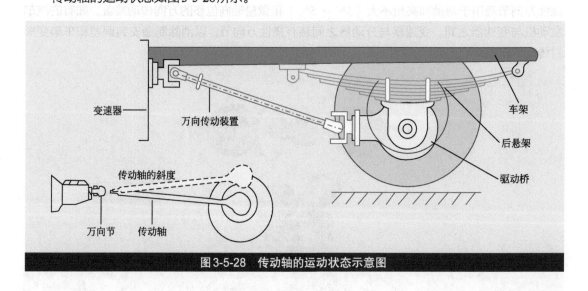

图3-5-28 传动轴的运动状态示意图

2. 中间支承

如图3-5-29所示为一种中间支承结构，它实际上是一个通过支承座和缓冲垫安装在车身（或车架）上的轴承，用来支承传动轴的一端。橡胶缓冲垫可以补偿车身（或车架）变形和发动机振动对于传动轴位置的影响。

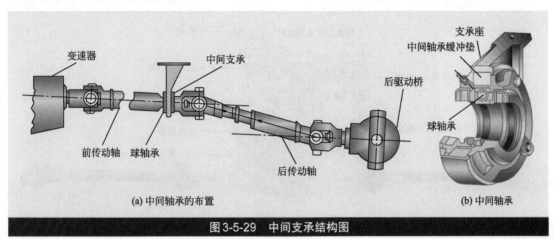

图 3-5-29 中间支承结构图

第四节 驱动桥的认识

驱动桥处于动力传动系统的末端，其基本功能是增大由传动轴或变速器传来的转矩，并将动力合理地分配给左、右驱动轮，另外还承受作用于路面和车架或车身之间的垂直力、纵向力和横向力。驱动桥一般由主减速器、差速器、车轮传动装置和驱动桥壳等组成，如图3-5-30所示。

图 3-5-30 驱动桥

驱动桥按结构形式一般可分为非断开式和断开式两种，如图3-5-31所示。

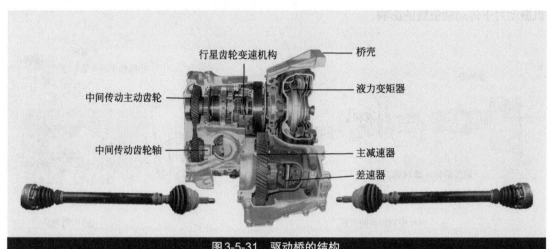

图3-5-31　驱动桥的结构

1. 断开式驱动桥（图3-5-32）

断开式驱动桥主减速器固定在车架上，而两驱动轮分别与车架作弹性连接。

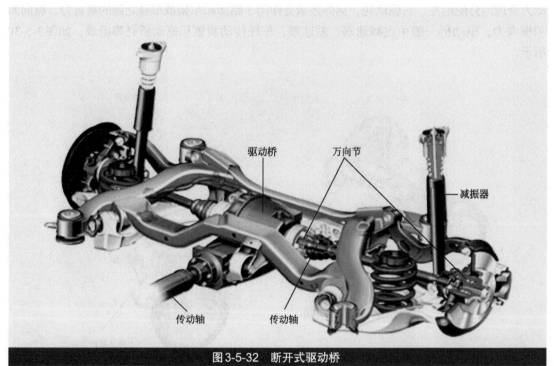

图3-5-32　断开式驱动桥

2.非断开式驱动桥（图3-5-33）

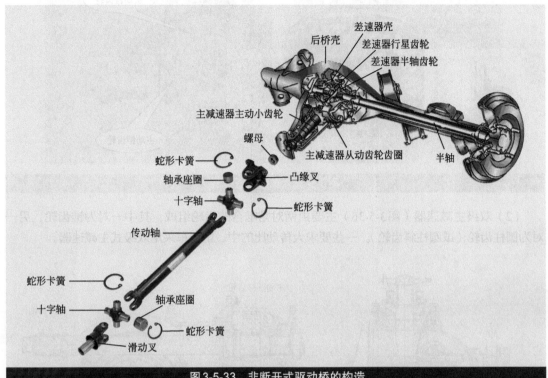

差速器壳
后桥壳
差速器行星齿轮
差速器半轴齿轮
主减速器主动小齿轮
螺母
蛇形卡簧
轴承座圈
十字轴
蛇形卡簧
传动轴
凸缘叉
主减速器从动齿轮齿圈
半轴
蛇形卡簧
十字轴
轴承座圈
蛇形卡簧
滑动叉

图3-5-33 非断开式驱动桥的构造

一、主减速器

主减速器是汽车传动系中减小转速、增大扭矩的主要部件，如图3-5-34所示。

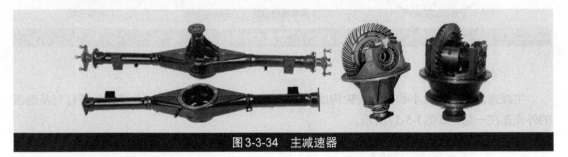

图3-3-34 主减速器

1.主减速器的作用

主减速器的作用是降低转速、增大转矩，并改变转矩所在平面垂直于汽车纵轴方向的平面变成平行于汽车行驶方向的垂直平面内，即与汽车纵轴夹角90°的车轮旋转平面内。

2.主减速器的分类

主减速器分为单级主减速器和双级主减速器。

（1）单级主减速器（图3-5-35）结构简单、体积小、重量轻、传动效率高，一般用于轿车和轻中型货车上。

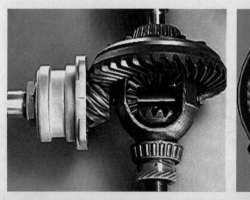

图3-5-35　单级主减速器

（2）双级主减速器（图3-5-36）主要由两对常啮合的齿轮组成，其中一对为锥齿轮，另一对为圆柱齿轮（或圆柱斜齿轮）。一些要求大传动比的中、重型车采用双级式主减速器。

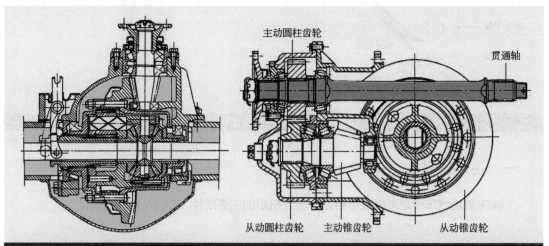

图3-5-36　双级主减速器

3. 主减速器的结构

主减速器由一对大小啮合斜齿轮构成，小齿轮与输出轴制成一体，大齿轮由铆钉与差速器的外壳连在一起，如图3-5-37所示。

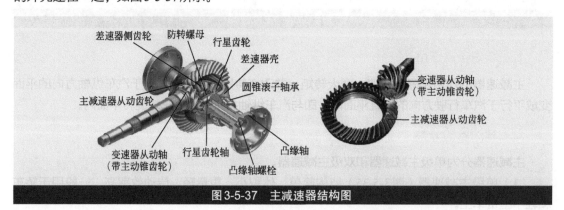

图3-5-37　主减速器结构图

二、差速器

汽车差速器是一个差速传动机构，用来保证各驱动轮在各种运动条件下的动力传递，能自动使两侧驱动轮以不同转速行驶，避免轮胎与地面间打滑。如图3-5-38所示。

图3-5-38　主减速差速器

1.普通锥齿轮式差速器

普通差速器中应用最广泛的是行星锥齿轮式差速器，如图3-5-39所示。

普通行星锥齿轮式差速器由2个或4个圆锥行星齿轮、行星齿轮（十字轴）、2个圆锥半轴齿轮、垫片和差速器壳等组成。

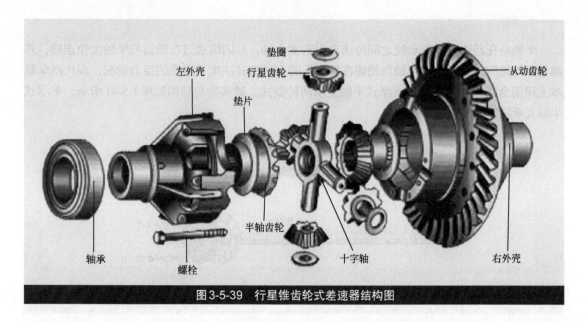

图3-5-39　行星锥齿轮式差速器结构图

2.差速器的结构（图3-5-40）

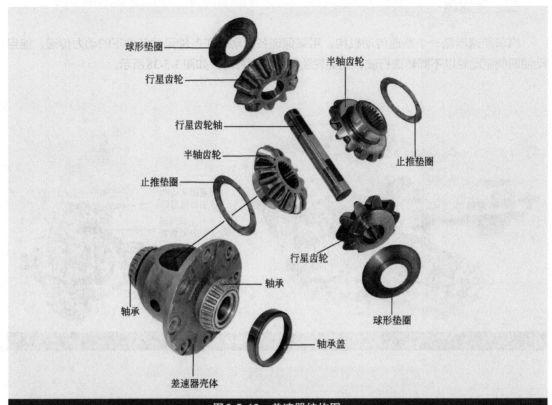

图3-5-40　差速器结构图

三、半轴与桥壳

1.半轴

半轴是在差速器与驱动轮之间传递动力的实心轴。其内端通过花键齿与半轴齿轮连接，外端与驱动轮的轮毂相连。半轴与轮毂在桥壳上的支承型式决定了半轴的受力情况，现代汽车基本上采用全浮式半轴支承和半浮式半轴支承两种型式。其实物与结构如图3-5-41所示。半浮式半轴支承结构如图3-5-42所示。

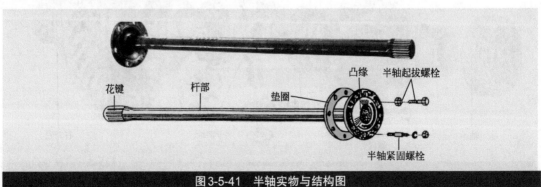

图3-5-41　半轴实物与结构图

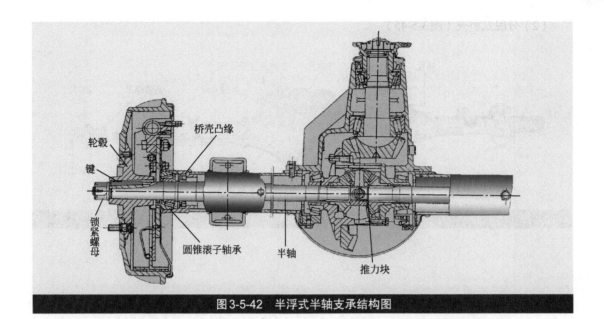

图3-5-42 半浮式半轴支承结构图

轮毂　桥壳凸缘　键　锁紧螺母　圆锥滚子轴承　半轴　推力块

2.桥壳

驱动桥壳的作用：支承并保护主减速器、差速器和半轴等，使左右驱动车轮的轴向相对位置固定；同从动桥一起支承车架及其上的各总成质量；汽车行驶时，承受由车轮传来的路面反作用力和力矩，并经悬架传给车架。桥壳实物与结构如图3-5-43所示。

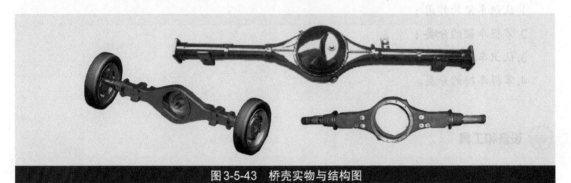

图3-5-43 桥壳实物与结构图

（1）整体式桥壳（图3-5-44）

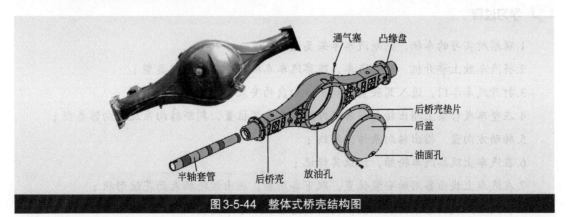

图3-5-44 整体式桥壳结构图

通气塞　凸缘盘　后桥壳垫片　后盖　油面孔　半轴套管　后桥壳　放油孔

（2）分段式桥壳（图3-5-45）

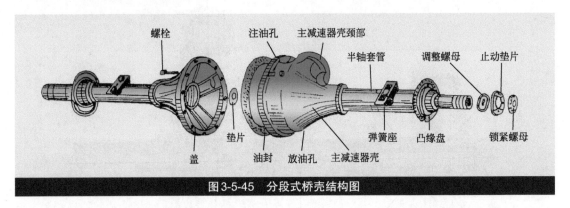

图3-5-45　分段式桥壳结构图

课题六　汽车转向行驶系统结构认识

学习目的

1.认识车架的作用；

2.掌握车架的分类；

3.认识车桥的作用；

4.掌握车桥的分类。

设备和工具

汽车整车，转向行驶系台架。

学习过程

1.观察所实习的车辆，判断汽车车架类型；

2.将汽车驶上举升机，升起汽车，观察汽车车桥，判断各车桥类型；

3.打开汽车车门，进入驾驶室，找出方向盘的安装位置；

4.在整车或台架上指出转向各部件组成及安装位置，判断转向系及转向器类型；

5.转动方向盘，指出转向系传力路线；

6.在汽车上观察汽车轮胎，记录其标记；

7.在汽车上找出备用胎安装位置，取下备用胎，画出该轮胎表面花纹形状；

8.在汽车上找出悬架安装位置，判断前悬架和后悬架类型。

实习车辆名称	车架类型	方向盘位置	转向系类别	转向器类型	轮胎型号	前悬架类型	后悬架类型

轮胎花纹：	轮胎花纹：	轮胎花纹：

其他记录

_____

_____

_____

_____

第一节　车架与车桥的构造

图3-6-1所示是车架与车桥的位置图。汽车车架是连接在各车桥上形似桥梁的一种结构，车架是整个汽车的基础。

图3-6-1　车架与车桥的位置

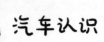

汽车车架俗称大梁，它是跨接在前后车桥上的桥梁式结构，目前汽车绝大多数都具有作为整车骨架的车架。

车桥通过悬架与车架（或承载式车身）相连，两端安装车轮。

一、车架

1. 车架的作用

车架是支承连接汽车的各零部件和总成（如发动机、传动系统、悬架、转向、驾驶室、货箱和有关操纵机构），并使它们保持正确的相对位置；承受来自车身上和地面上的各种静、动载荷。

2. 车架的分类

目前，汽车车架按其结构形式一般分为四种类型：边梁式车架、平台式车架、中梁式车架和综合式车架。有些客车和轿车车身同时具有车架的作用，即承载式车身（也称为无梁式车架）。

（1）边梁式车架由左、右两根纵梁和若干根横梁组成，并通过铆钉或焊接将纵梁和横梁连接成坚固的刚性构架，被广泛应用在货车和特种汽车上（图3-6-2）。

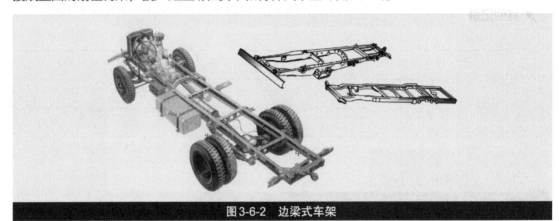

图3-6-2　边梁式车架

边梁式车架根据汽车总体结构布置的需要，可制成前宽后窄，前窄后宽，前后等宽形式。载重汽车大多采用前后等宽式，这是为了简化制造工艺，避免纵梁宽度转折处（波纹区）应力集中，提高车辆的使用寿命。

（2）中梁式车架又称脊梁式车架（图3-6-3），是由一根贯穿汽车纵向的中央纵梁和若干根横向悬伸托架构成。

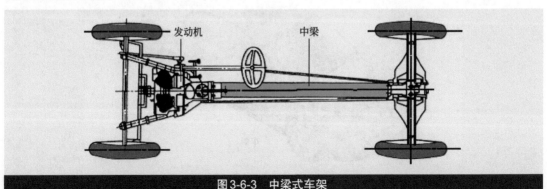

图3-6-3　中梁式车架

（3）综合式车架是中梁式车架的一种变形。是由边梁式和中梁式车架结合而成的，如图3-6-4所示。

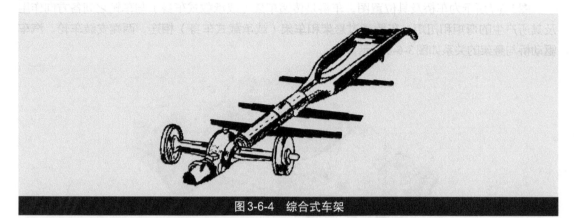

图3-6-4　综合式车架

综合式车架前段或后段近似边梁结构，便于分别安装发动机或驱动桥。传动轴从中梁中间穿过。这种结构制造工艺复杂，目前应用不多。

（4）无梁式车架是以车身兼代车架，所有的总成和零部件都安装在车身上，作用于车身的各种力和力矩均由车身承受。所以这种车身也称为承载式车身，如图3-6-5所示。

图3-6-5　承载式车身

承载式客车车身骨架和底架如图3-6-6所示，它是无车架式车身，是由冲压成型薄钢板焊接组成箱式结构的一种车身结构。

图3-6-6　客车承载式（组合式）车身骨架

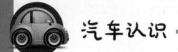

二、车桥

图3-6-7所示为车桥及其位置图。车桥是传递车架（或承载式车身）与车轮之间各方向作用及其所产生的弯矩和扭矩。车桥通过悬架和车架（或承载式车身）相连，两端安装车轮。汽车驱动桥与悬架的关系如图3-6-8所示。

图3-6-7 车桥及其位置

图3-6-8 汽车驱动桥与悬架的关系

转向桥通常位于汽车前部，因此也常称为前桥转弯。

1.转向桥的组成

各种车型的转向桥的结构基本相同，都是由前轴、转向节、主销和轮毂四部分组成，捷达轿车前桥既是转向桥，也是驱动桥，如图3-6-9所示。

图3-6-9 转向桥

（1）转向桥各组件的作用。

前轴：由钢材锻造而成，一般采用工字形断面，以提高抗弯强度和减小重量，两端略成方形。

转向节：是车轮转向的铰节，是一个叉形件，由上、下两叉和支承轮毂的轴构成。

主销：主销的作用是铰接前轴与转向节，使转向节绕着主销摆动以实现车轮转向。

轮毂：用于连接制动鼓、轮盘和半轴凸缘，它通过内外两个圆锥滚柱轴承装在转向节轴颈上。

（2）与非独立悬架匹配的转向桥，主要由前轴、转向节、转向主销等几部分组成。

（3）独立悬架匹配的转向桥。断开式转向桥的作用与非断开式转向桥一样，所不同的是断开式转向桥与独立悬架匹配。

2. 转向驱动桥

能够实现车轮转向和驱动功能的车桥称为转向驱动桥，一般应用于全轮驱动的越野汽车上，其结构如图3-6-10所示。它具有一般驱动桥所具有的主减速器、差速器和半轴，也具有一般转向桥所具有的转向节、主销和轮毂等。

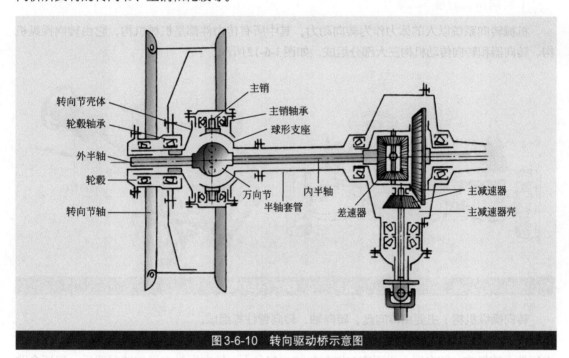

图3-6-10　转向驱动桥示意图

🚗 第二节　汽车转向系统的构造

汽车在行驶中，需要经常改变行驶方向。改变行驶方向的方法是通过转向轮（一般是前轮）相对于汽车纵轴线偏转一定角度实现的。汽车在行驶时，转向轮也往往受到路面侧向干扰力的作用自动偏转而改变行驶方向。因此，驾驶员需要通过一套机构随时改变或恢复汽车行驶方向。图3-6-11所示即为汽车的转向系统。

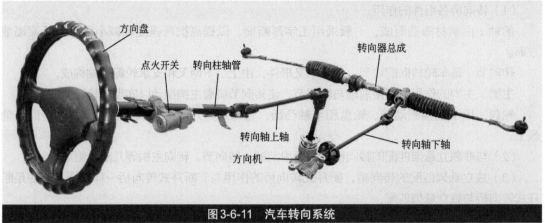

图3-6-11　汽车转向系统

一、转向系统的组成和分类

1.转向系统的基本组成

机械转向系统以人的体力作为转向动力，其中所有传力件都是机械机构，它由转向操纵机构、转向器和转向传动机构三大部分组成，如图3-6-12所示。

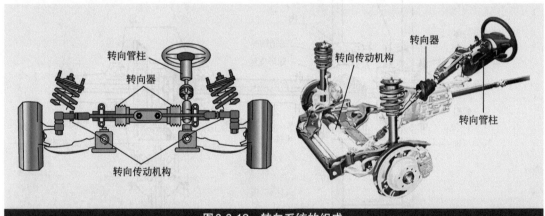

图3-6-12　转向系统的组成

转向操纵机构：主要由转向盘、转向轴、转向管柱等组成。

转向器：将转向盘的转动变为转向摇臂的摆动或齿条轴的直线往复运动，并对转向操纵力进行放大的机构。转向器一般固定在汽车车架或车身上，转向操纵力通过转向器后一般还会改变传动方向。

转向传动机构：将转向器输出的力和运动传给车轮（转向节），并使左右车轮按一定关系进行偏转的机构。

2.转向系统的分类

按转向能源的不同分为机械转向系统和动力转向系统两大类。

（1）机械转向系统（图3-6-13）。机械转向系统以驾驶员体力作为转向能源，其中所有传力件都是机械的。

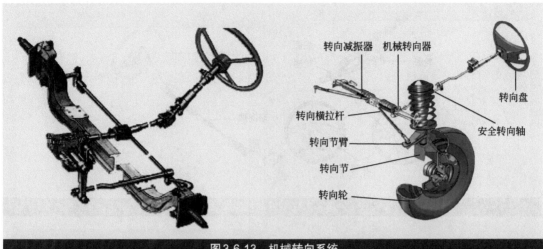

图3-6-13　机械转向系统

　　从转向盘到转向传动轴这一系列部件和零件属于转向操纵机构。由转向摇臂至转向器这一系列部件和零件（不含转向节）均属于转向传动机构。

　　（2）动力转向系统。动力转向系统是兼用驾驶员体力和发动机动力为转向能源的转向系统，如图3-6-14所示。

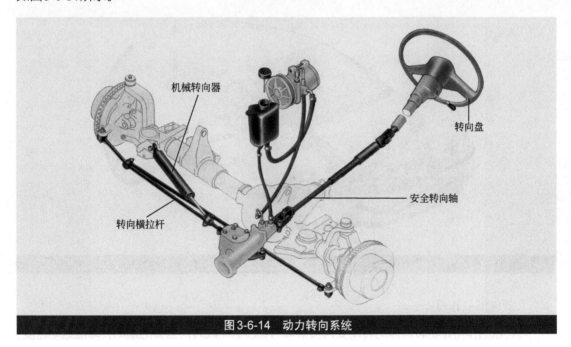

图3-6-14　动力转向系统

　　属于转向加力装置的部件有转向油泵、转向油管、转向油罐以及位于整体式转向器内部的转向控制阀及转向动力缸等。

二、转向操纵机构

　　转向操纵机构由转向盘、转向轴、转向管柱等组成，如图3-6-15所示。其作用是将驾驶员转动转向盘的操纵力传给转向器。

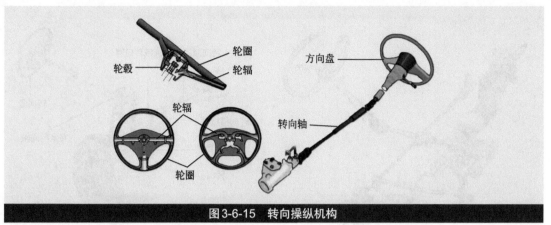

图 3-6-15　转向操纵机构

三、转向器

转向器（常称为转向机）是完成由旋转运动到直线运动（或近似直线运动）的一组齿轮机构，同时也是转向系统中的减速传动装置，如图 **3-6-16** 所示。

图 3-6-16　汽车转向器位置图

1.转向器的作用

转向器的作用是将转向盘的转动变为齿条轴的直线运动或转向摇臂的摆动，降低运动速度，增大转向力矩并改变转向力矩的传动方向。

2.转向器的分类

转向器按输出端的运动形式分有两种，一种是线位移如齿轮齿条式转向器，另一种是角位移如循环球式、曲柄指销式转向器。

转向器是转向系统中的减速传动装置，其结构型式很多，但目前已经成熟并广泛采用的有齿轮齿条式、循环球式和蜗杆曲柄指销式等几种。

（1）齿轮齿条式转向器。齿轮齿条式转向器又分为两端输出式和中间（或单端）输出式两种。如图3-6-17、图3-6-18所示。

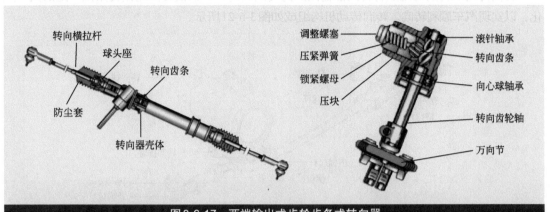

图3-6-17　两端输出式齿轮齿条式转向器

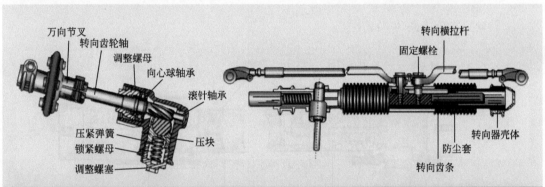

图3-6-18　中间输出式齿轮齿条式转向器

（2）循环球式转向器。循环球式转向器是目前国内外应用最广泛的结构型式之一，一般有两级传动副，第一级是螺杆螺母传动副，第二级是齿条齿扇传动副。如图3-6-19所示。

（3）蜗杆曲柄指销式转向器。蜗杆曲柄指销式转向器的传动力以转向蜗杆为主动件，其从动件是装在摇臂轴曲柄端部的指销。蜗杆曲柄指销式转向器如图3-6-20所示。

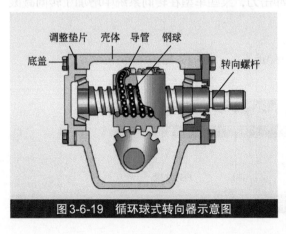

图3-6-19　循环球式转向器示意图

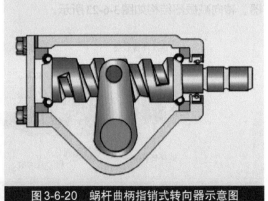

图3-6-20　蜗杆曲柄指销式转向器示意图

四、转向传动机构

转向传动机构的功用是将转向器输出的力传给转向轮，且使转向轮偏转角按一定的关系变化，以实现汽车顺利转向。转向传动机构组成如图3-6-21所示。

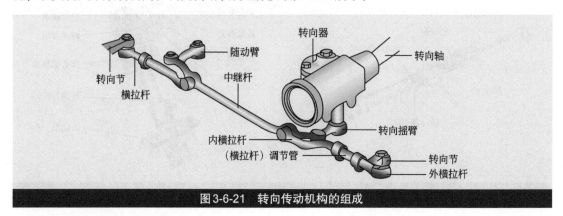

图3-6-21 转向传动机构的组成

1.转向直拉杆（图3-6-22）

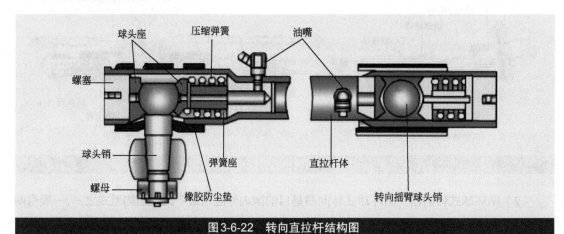

图3-6-22 转向直拉杆结构图

2.转向减振器

为减轻车辆行驶过程中对转向连杆系统的冲击力，某些车型在转向系统中增加了转向减振器。转向减振器结构如图3-6-23所示。

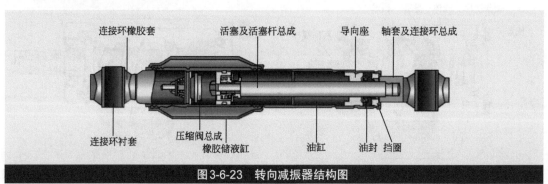

图3-6-23 转向减振器结构图

3.转向节及其部件

转向节上安装车轮及制动器，通过转向节主销与转向桥连接，在转向机构的操纵下，保证转向节与转向轮整体偏转，达到汽车转向的目的。

该机构主要由转向节、转向节主销、转向节主销衬套组成。实物如图3-6-24所示。

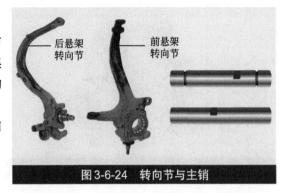

图3-6-24　转向节与主销

4.动力转向系统结构（图3-6-25）

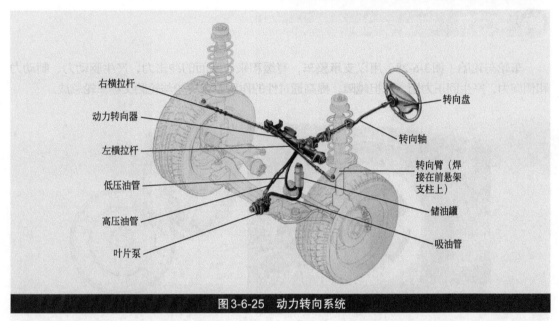

图3-6-25　动力转向系统

5.动力转向器组成（图3-6-26）

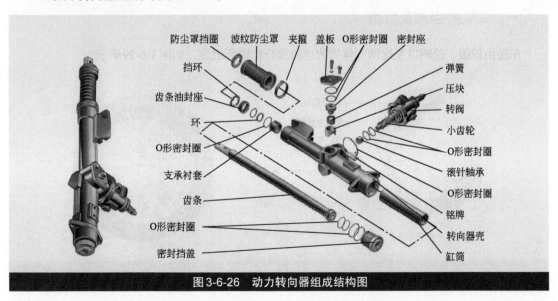

图3-6-26　动力转向器组成结构图

图3-6-27　转向油泵

6.转向油泵（图3-6-27）

转向油泵是动力转向中的主要能源，其作用是将发动机输入的机械能转为液压能向外输出。转向油泵有齿轮式、转子式和叶片式等数种。

第三节　车轮与轮胎的构造

车轮与轮胎（图3-6-28）用以支承整车，有缓和来自路面的冲击力，产生驱动力、制动力和侧向力，产生回正力矩，承担越障，提高通过性的作用等。车轮与轮胎又称车轮总成。

图3-6-28　车轮与轮胎

一、车轮的组成及分类

车轮由轮毂、轮辋以及这两元件间的连接部分轮辐所组成。如图3-6-29所示。

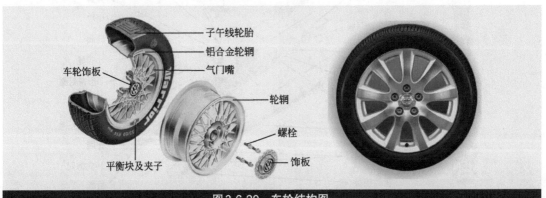

图3-6-29　车轮结构图

按轮辋和辐板连接形式，车轮可分为组合式结构和整体式结构。此外，还有对开式车轮、可反装式车轮、可调式车轮等。

组合式结构将轮辋与辐板用焊接或铆接方式进行连接，主要用于钢制车轮。整体式结构将轮辋与辐板用铸造成型或锻造成型进行连接，用于合金制车轮。目前在轿车和货车上广泛采用辐板式车轮。

1. 辐板式车轮（图3-6-30）

这种车轮由挡圈、轮辋、辐板和气门嘴伸出口组成。车轮中用以连接轮毂和轮辋的钢质圆盘称为加板，大多是冲压制成的，少数和轮毂铸成一体。轿车的辐板所用材料较薄，常冲压成起伏多变的形状，以提高其刚度。货车后轴负荷比前轴大得多，为使后轮轮胎不致过载，后桥一般装用双式车轮。

2. 辐条式车轮（图3-6-31）

这种车轮的轮辐是钢丝辐条或是轮毂铸成一体的铸造辐条。辐条式车轮一般仅用于赛车和某些高级轿车上。铸造辐条式车轮用于装载质量较大的重型汽车上。在这种结构的车轮上，轮辋用螺栓和特殊形状的衬块固定在辐条上，为了使轮辋与辐条很好地对中，在轮辋和辐条上都加工出配合锥面。

轮辋（图3-6-32）的作用是用以安装轮胎。按结构轮辋分为深槽式、平底式和拆式等。

图3-6-30 辐板式车轮

图3-6-31 辐条式车轮

图3-6-32 轮辋

为了能够切实地保护好轮胎，按照汽车的用途有各种各样的轮辋。轿车用的是宽幅深底型（Wide Base Drop Center，WDC）。轮辋的可拆卸部分采用在装卸轮胎时要先将胎缘卸下，并将相反方向的胎缘装上的设计。可拆卸部分设计得较深，则轮胎的装卸就变得容易。但是轮辋内侧的直径会变小，这使大直径轮盘的装卸变得麻烦。所以不能任意将可拆卸部分变深。另外，在轮辋的可拆卸部分的周边有一圈叫凸缘的突起部分。这是为了在轮胎气压低的状态下受到强烈的转向冲击或者侧滑力时，或者轮胎扎破时防止轮胎的胎缘离开轮辋而设计的。

二、轮胎

轮胎如图3-6-33所示。汽车充气轮胎按结构可分为有内胎和无内胎轮胎。按胎体帘布层的结构不同，可分为斜交轮胎和子午线轮胎。按充气压力可分为超低压胎（0.2MPa以下）、低压胎（0.2～0.5MPa）、高压胎（0.5～0.7MPa）。

图3-6-33　轮胎的各种花纹

如图3-6-34所示是普通斜交轮胎。帘布层和缓冲层相邻层各帘线交叉，且与胎面中心线呈小于90°角排列的充气轮胎常称斜交轮胎。

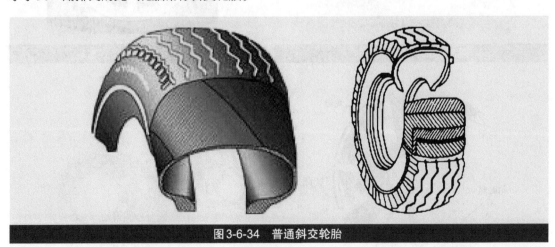

图3-6-34　普通斜交轮胎

图3-6-35所示是子午线轮胎。子午线轮胎明显优越于普通斜交胎，因此，其应用越来越广泛。

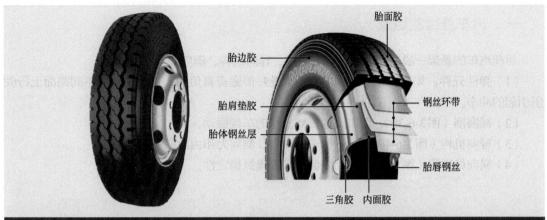

胎边胶
胎肩垫胶
胎体钢丝层

胎面胶
钢丝环带
胎唇钢丝
三角胶　内面胶

图3-6-35　子午线轮胎

图3-6-36所示是无内胎的充气轮胎，该轮胎没有内胎，空气直接压入外胎中，因此要求外胎和轮辋之间有很好的密封性。无内胎充气轮胎近年来在轿车和一些货车上的使用日渐广泛。

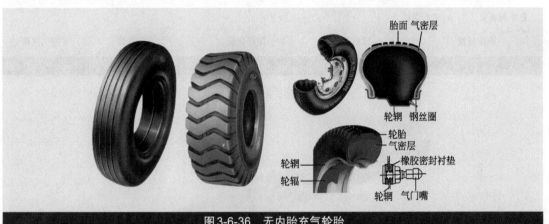

胎面　气密层
轮辋　钢丝圈
轮胎
气密层
橡胶密封衬垫
轮辋
轮辐
轮辋　气门嘴

图3-6-36　无内胎充气轮胎

第四节　悬架的构造

悬架（图3-6-37）是车架（或车身）与车桥（或车轮）之间一切动力连接装置的总称。

图3-6-37　悬架

一、汽车悬架的组成

目前汽车的悬架一般由弹性元件、减振器、导向机构、横向稳定器组成。

（1）弹性元件，如图3-6-38所示，用来承受并传递垂直负荷，缓和汽车在不同路面上行驶所引起的冲击。

（2）减振器（图3-6-39），用以迅速衰减车身的车架振动。

（3）导向机构（图3-6-40），用来传递纵向力、侧向力和由此产生的力矩。

（4）横向稳定器（图3-6-41），用以保证良好操纵稳定性。

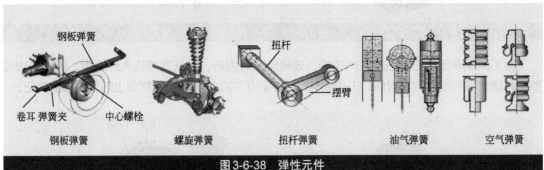

图3-6-38　弹性元件

图3-6-39　减振器

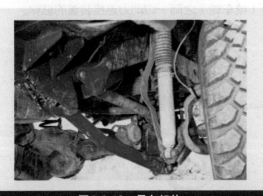

图3-6-40　导向机构

图3-6-41　横向稳定器

二、汽车悬架的作用

（1）抑制、缓和由不平路面引起的振动和冲击。

（2）除传递汽车垂直力以外，还传递其他各方向的力和力矩。

（3）保证车轮和车身（或车架）之间有确定的运动关系，使汽车具有良好的驾驶性能。

三、汽车悬架的分类

按照控制形式不同，悬架可分为独立悬架（图3-6-42）和非独立悬架（图3-6-43）两大类。非独立悬架根据采用的弹性元件的不同可以分为板簧式非独立悬架、螺旋弹簧式非独立悬架、空气弹簧非独立悬架和油气弹簧非独立悬架。

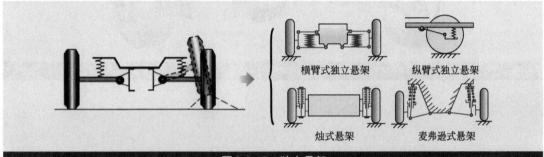

图3-6-42　独立悬架

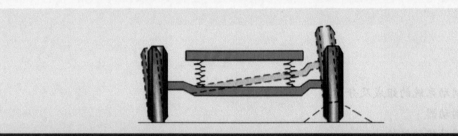

图3-6-43　非独立悬架

1.前悬架

捷达轿车前悬架采用的是麦弗逊式独立悬架，它主要由弹性减震组件、下控制臂及横向稳定杆等部分组成，如图3-6-44所示。

图3-6-44　前悬架

横向稳定杆的作用：减小汽车在不平路面上行驶时车身的侧倾角，以改善汽车的乘坐舒适性和行驶稳定性。

2.后悬架

如图3-6-45所示。捷达轿车的后悬架采用的是单纵臂式独立悬架，横向稳定杆一改杆状结构传统，采用V形断面结构。

图3-6-45　后悬架

课题七　汽车制动系统结构认识

学习目的

1.认识制动系统的组成及分类；

2.认识制动器；

3.认识制动传动机构；

4.认识制动防抱死装置。

设备和工具

汽车整车，液压制动系台架，气压制动系台架。

学习过程

1.打开汽车车门，进入驾驶室，找出制动踏板位置；

2.打开汽车前盖，在汽车上找出制动系统各部件安装位置，判断制动系统类别；

3.在车轮位置观察车轮制动器，判断制动器类别；

4.观察实习车辆驻车制动系统，确定驻车制动器类型；

5.用右脚试踩刹车及油门，左脚试踩离合器踏板；

6.试踩制动踏板，指出制动力传递路线；

7.观察所实习车辆是否安装有ABS，若有，指出ABS控制系统各部件位置；

8.在气压制动系统台架上找出制动系统各部件安装位置，并指出制动传递路线；

9.在液压制动系统台架上找出制动系统各部件安装位置，并指出制动传递路线。

实习车辆名称	制动系（气压/液压）	前轮制动器（盘式/鼓式）	后轮制动器（盘式/鼓式）	驻车制动器类型	有无ABS	制动液颜色

其他记录

_____

_____

_____

_____

第一节 概述

汽车上用以使外界（主要是路面）在汽车某些部分（主要是车轮）施加一定的力，从而对其进行一定程度的强制制动的一系列专门装置统称为制动系统。如图3-7-1所示。

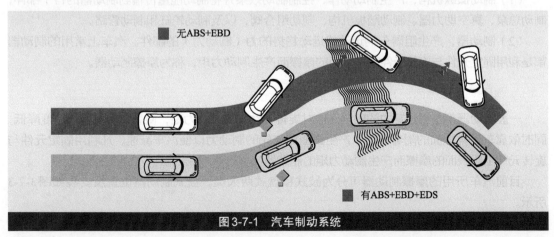

无ABS+EBD

有ABS+EBD+EDS

图3-7-1 汽车制动系统

作用：使行驶中的汽车按照驾驶员的要求进行强制减速甚至停车；使已停驶的汽车在各种道路条件下（包括在坡道上）稳定驻车；使下坡行驶的汽车速度保持稳定。

第二节　汽车制动系统的构造

一、制动系统的组成

制动系统一般由制动操纵机构和制动器两个主要部分组成。图3-7-2是轿车典型制动系统的组成示意图。

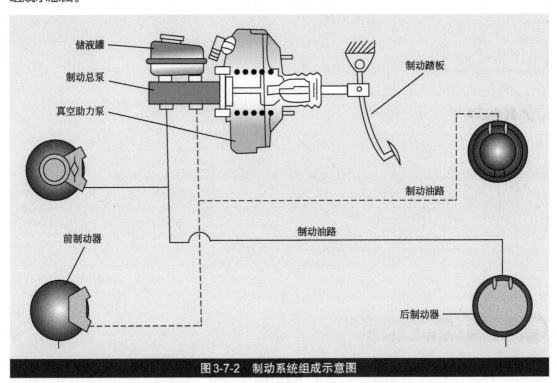

储液罐
制动总泵
真空助力泵
制动踏板
制动油路
前制动器
制动油路
后制动器

图3-7-2　制动系统组成示意图

（1）制动操纵机构，产生制动动作、控制制动效果并将制动能量传输到制动器的各个部件，制动总泵、真空助力器、制动踏板机构、制动组合阀，以及制动轮缸和制动管路。

（2）制动器，产生阻碍车辆运动或运动趋势的力（制动力）的部件。汽车上常用的制动器都是利用固定元件与旋转元件工作表面的摩擦而产生制动力矩，称为摩擦制动器。

1.制动器

一般制动器都是通过其中的固定元件对旋转元件施加制动力矩，使后者的旋转角速度降低，同时依靠车轮与地面的附着作用，产生路面对车轮的制动力以使汽车减速。凡利用固定元件与旋转元件工作表面的摩擦而产生制动力矩的制动器都称为摩擦制动器。

目前汽车所用的摩擦制动器可分为鼓式和盘式两大类。盘式制动器位置及安装如图3-7-3所示。

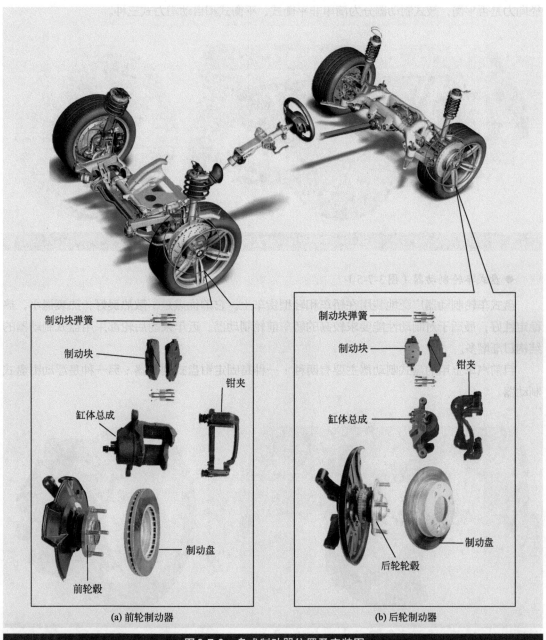

制动块弹簧
制动块
钳夹
缸体总成
制动盘
前轮毂
(a) 前轮制动器

制动块弹簧
制动块
钳夹
缸体总成
制动盘
后轮轮毂
(b) 后轮制动器

图3-7-3 盘式制动器位置及安装图

（1）车轮制动器。鼓式和盘式的区别在于前者的摩擦副中的旋转元件为制动鼓，其圆柱面为工作表面；后者的摩擦副中的旋转元件为圆盘状制动盘，其端面为工作表面。

捷达轿车的行车制动系统采用了双管路对角分开式真空助力液压行车制动系统，主要由制动踏板、真空助力器、制动总泵、储液罐、制动器及管路组成。前轮采用盘式制动器，后轮采用鼓式制动器。

● 鼓式车轮制动器（图3-7-4）

鼓式车轮制动器多为内张双蹄式。但因制动蹄张开机构的形式、张开力作用点和制动蹄支承点的布置方面等不同，使得制动器的工作性能也不同。根据制动时两制动蹄对制动鼓作用的径向力是否平衡，鼓式制动器分为简单非平衡式、平衡式和自动增力式三种。

图 3-7-4　鼓式制动器

● 盘式车轮制动器（图 3-7-5）

盘式车轮制动器广泛地装用在轿车和轻型货车上。它的优点是：散热良好，热衰退小，热稳定性好，最适于对制动性能要求较高的轿车前轮制动器。近年来前后轮都采用盘式制动器的结构日渐增多。

目前汽车上用的盘式制动器主要有两种：一种是固定钳盘式制动器；另一种是浮动钳盘式制动器。

图 3-7-5　盘式制动器

● 盘鼓组合式制动器（图 3-7-6）

将一个作行车制动器的盘式制动器和一个作驻车制动器的鼓式制动器组合在一起。双作用制动盘的外缘盘作盘式制动器的制动盘，中间的鼓部作鼓式制动器的制动鼓。

（2）驻车制动器，俗称手制动器，主要用来保证汽车停止后的可靠停放。它由手制动操纵杆、驻车制动拉索、调节压板、调整螺母等组成，拉索式机械操纵驻车制动系统如图 3-7-7 所示。当实施驻车制动时，驾驶员将手制动操纵杆向上拉起，通过拉杆、调节压板将驻车制动拉索拉紧。

驻车驱动器可按不同的形式作不同的分类。

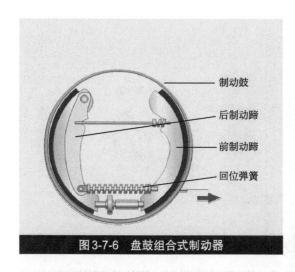

图3-7-6 盘鼓组合式制动器

制动鼓
后制动蹄
前制动蹄
回位弹簧

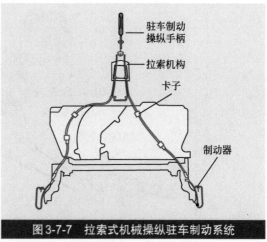

图3-7-7 拉索式机械操纵驻车制动系统

驻车制动操纵手柄
拉索机构
卡子
制动器

按驱动形式分机械式、液压式、气压式三种。其中以机械式在轿车上应用最广。

按汽车上安装位置的不同分中央驻车制动装置和车轮驻车制动装置两类。前者的制动器安装在传动轴上，称为中央制动器；后者和行车制动装置共用一套制动器，结构简单紧凑，已在轿车上得到普遍应用。

（3）辅助制动器，主要应用在大型客车和重型货车上，提供辅助制动力。

常见的辅助制动器有液力缓速器（图3-7-8）和电磁缓速器（图3-7-9）。

图3-7-8 液力缓速器

图3-7-9 电磁缓速器

2.制动传动机构

从制动踏板到轮边制动轮缸的所有提供和传递制动压力的零部件统称为制动传动机构。根据传动介质的不同，可以分为机械传动装置、液压传动装置和气压传动装置。轿车、轻型客货车多采用液压制动，中型以上客货车由于载重量较大，多采用气压制动。

（1）机械传动装置

驻车制动系统的机械传动装置组成结构如图3-7-10所示。

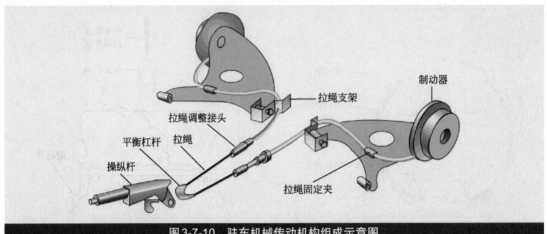

图3-7-10　驻车机械传动机构组成示意图

　　驻车制动系统与行车制动系统共用后轮制动器。施行驻车制动时，驾驶员将驻车制动操纵杆向上扳起，通过平衡杠杆将驻车制动操纵缆绳拉紧，促动两后轮制动器。由于棘爪的单向作用，棘爪与棘爪齿板啮合后，操纵杆不能反转，驻车制动杆系能可靠地被锁定在制动位置。

（2）液压传动装置

　　制动主缸如图3-7-11所示，制动主缸工作原理图如图3-7-12所示。

图3-7-11　制动主缸

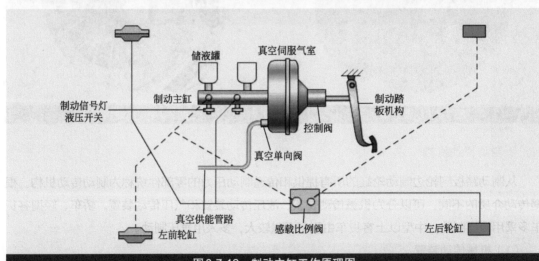

图3-7-12　制动主缸工作原理图

制动主缸又称制动总泵，是液压制动系统的核心，有与储液罐制成一体的整体式，也有两者分体式的，很多轻型汽车的制动系统中还增加了真空助力器。

真空助力器（图3-7-13）。目前，轿车上广泛装用真空助力器作为制动助力器，利用发动机喉管处的真空度来帮助驾驶员操纵制动踏板。

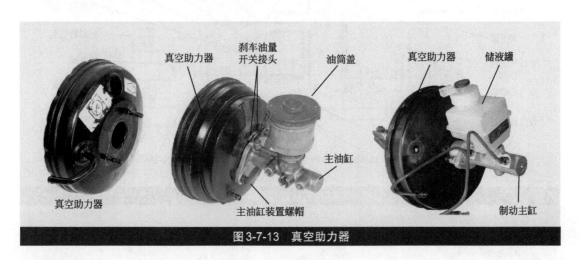

图3-7-13　真空助力器

制动轮缸（图3-7-14）。又称制动分泵，装在制动器中，是车轮制动力的来源，其作用是将液体压力转变为使制动蹄张开的机械推力。在车辆行驶过程中，制动轮缸时常出现漏油、锈死等故障，导致制动力下降甚至丧失，这时应及时对制动轮缸进行检修，出现这种情况时一般更换轮缸修理包即可恢复制动性能。

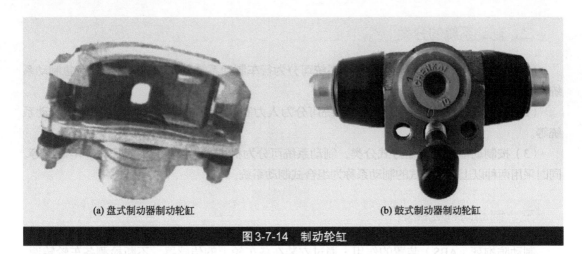

(a) 盘式制动器制动轮缸　　　　　(b) 鼓式制动器制动轮缸

图3-7-14　制动轮缸

（3）气压传动装置

气压制动回路示意图如图3-7-15所示。

调压阀、制动阀、多回路保护阀以及其他阀门如图3-7-16所示。

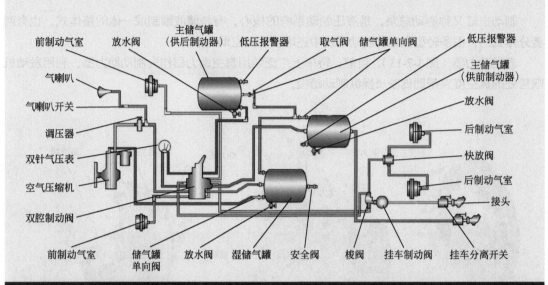

图3-7-15　气压制动回路示意图

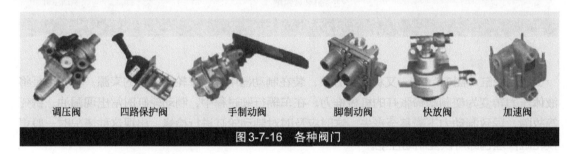

图3-7-16　各种阀门

二、制动系统的分类

（1）按制动系统的作用分类，制动系统可分为行车制动系统、驻车制动系统、应急制动系统及辅助制动系统等。

（2）按制动操纵能源分类，制动系统可分为人力制动系统、动力制动系统和伺服制动系统等。

（3）按制动能量的传输方式分类，制动系统可分为机械式、液压式、气压式、电磁式等。同时采用两种以上传输方式的制动系称为组合式制动系统。

三、制动防抱死装置

制动防抱死（ABS）装置的作用：通过安装在各车轮上的传感器，不断检测各车轮转速，并由计算机计算出制动瞬时车轮滑移率，作出增大或减小制动器压力的决定，由执行机构及时调整制动压力，以保持车轮处于理想滑移率（10% ~ 15%），即车轮始终维持在微弱滑移的滚动状态下制动，不出现车轮完全抱死。ABS外观图如图3-7-17所示，原理图如图3-7-18所示。

图 3-7-17　ABS外观图

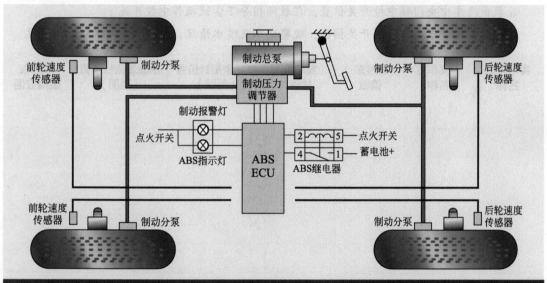

图 3-7-18　ABS原理图

课题八　汽车车身附属设备结构认识

🕐 **学习目的**

1. 掌握发动机照明系统的作用与结构；
2. 掌握发动机电源充电系统的结构和作用；
3. 对照实物掌握发动机点火系统、起动系统和汽车空调的结构。

🚗 **设备和工具**

汽车整车。

📶 **学习过程**

1.在汽车外部指出大灯、小灯、雾灯、示廓灯、尾灯、停车灯等位置；

2.进入驾驶室，在车内指出顶灯、阅读灯、踏步灯位置；

3.控制组合开关及进行相应操作，按教师要求依次打开相应车灯，如有车灯不亮，进行记录；

4.由教师起动发动机，学生在仪表板中指出车速及里程表、转速表、燃油表、水温表的位置，并记录该车的行驶里程数、怠速下发动机转速数值、燃油表指针位置、水温表指针位置、车速表的最高数值；

5.认识仪表板中各指示灯的含义，并进行记录；

6.找出汽车中央门锁中控开关位置，在教师指导下尝试操作中控开关；

7.在教师指导下操作雨刮开关挡位，观察刮水及喷水情况，并找出雨刮水储液罐位置。

实习车辆名称	不亮车灯名称	里程表读数	发动机转速	燃油表指针位置（画图）	水温表指针位置（画图）	车速表最高数值

✏️ **其他记录**

_____

_____

_____

_____

_____

一、照明系统

照明设备主要用于夜晚照明道路，标示车辆宽度，照明车厢内部、仪表及夜间检修等。照明系统由电源、照明装置及其控制部分等组成。控制部分包括各种灯光开关、继电器等。

照明装置包括车外照明、车内照明和工作照明三部分，如图3-8-1所示。

图 3-8-1　汽车照明和信号灯

1.前照灯

前照灯的光学组件由灯泡、反射镜、配光镜三部分组成，其结构如图3-8-2所示。

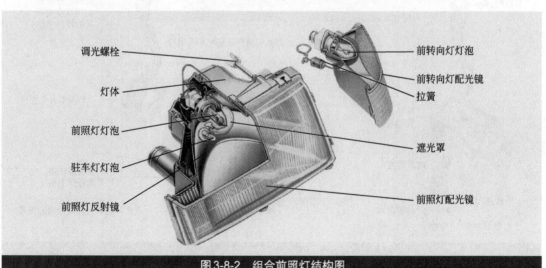

图 3-8-2　组合前照灯结构图

2.雾灯

采用黄色灯泡，其穿透功能好，雾天用来照明道路和发出警示，如图3-8-3所示。

3.小灯、尾灯、停车灯

桑塔纳轿车的小灯与尾灯兼作停车灯使用，当汽车停驶时，用作停车灯；当汽车行驶时，用作小灯和尾灯，如图3-8-4所示。

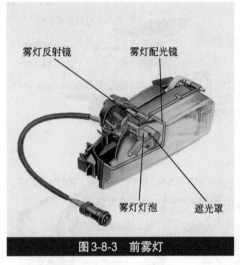

图3-8-3　前雾灯

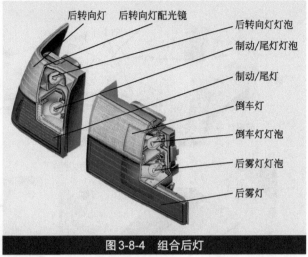

图3-8-4　组合后灯

4.车灯开关

车灯开关用来控制前照灯、雾灯、仪表灯、顶灯等电路。常见的灯开关有拉杆式、摇转式、组合式。在桑塔纳轿车的转向柱上装有一套包括点火开关、前风窗刮水及清洗开关、转向灯开关及变光开关的组合开关，组合开关结构如图3-8-5所示。

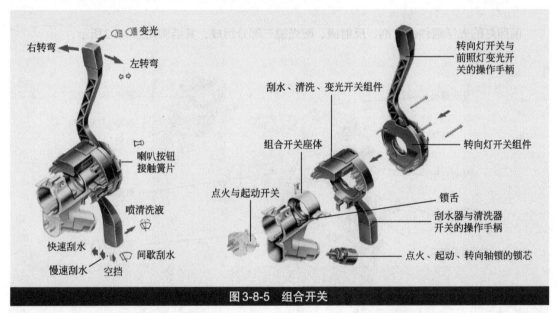

图3-8-5　组合开关

二、汽车信号报警系统构造认识

信号报警系统的主要作用是通过声、光信号向环境（如人、车辆）发出有关车辆运行状况或状态的信息，以引起有关人员注意，确保车辆安全行驶。

电喇叭和喇叭继电器

在中小型汽车上，多采用螺旋形和盆形电喇叭。盆形电喇叭具有体积小、质量轻、噪声小等优点。桑塔纳系列轿车采用盆形电喇叭,有高音喇叭、低音喇叭各1个,并同步工作。

盆形电喇叭结构特点:电磁铁采用螺管式结构,铁芯上绕有励磁线圈,上、下铁芯间的气隙在线圈中间,所以能产生较大的吸力。它无扬声筒,而是将上铁芯、膜片和共鸣板装在中心轴上。当电路接通时,励磁线圈产生吸力,上铁芯被吸下与下铁芯撞击,产生较低的基本频率,并激励膜片及与膜片联成一体的共鸣板产生共鸣,从而发出比基本频率强得多、且分布比较集中的谐音,如图3-8-6所示。

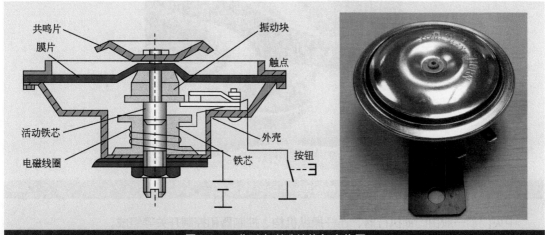

图3-8-6　盆形电喇叭结构与实物图

三、仪表系

汽车仪表一般集中安装在汽车驾驶室转向盘前方的仪表板上,为了方便驾驶员及时获取汽车各系统工作状况的相关信息,常用的仪表有电流表或电压表、机油压力表、水温表、燃油表、转速表和车速里程表等。不同汽车装用的仪表个数及结构类型有所不同,桑塔纳2000型轿车仪表板如图3-8-7所示。

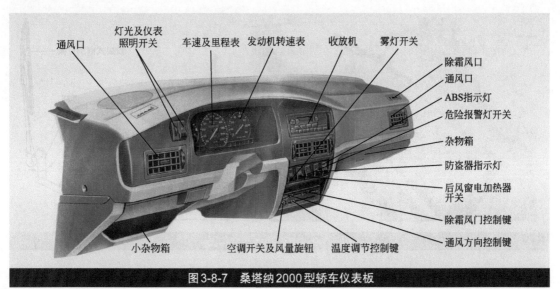

图3-8-7　桑塔纳2000型轿车仪表板

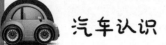

四、中央门锁

中央门锁系统（图3-8-8）：当驾驶员侧的车门锁住或打开时，其他几个门（包括后车门或行李仓）都能同时自动锁住或打开，而不必像过去必须对各个门进行单独操作，同时乘客仍可利用车门的机械式弹簧锁开关车门。

图3-8-8　中央门锁系统

中央门锁一般由门锁执行器、连杆操纵机构、控制器和控制开关等组成。

五、雨刮系统

刮水器的功用：用以清扫风窗玻璃上的雨水、雪或尘土，以确保驾驶员有良好的视线。

刮水器有气压式、电动式等多种，但多数采用电动式。电动式刮水器是由刮水电动机和一套传动机构组成，如图3-8-9所示。电动机旋转，带动蜗杆蜗轮减速机构，使与蜗轮轴相连的摇臂带着两侧拉杆做往复运动，拉杆则通过摆杆带着左、右雨刷架作往复摆动，安装在雨刷架上的橡皮雨刷便刷去风窗玻璃上的雨水、雪和灰尘。

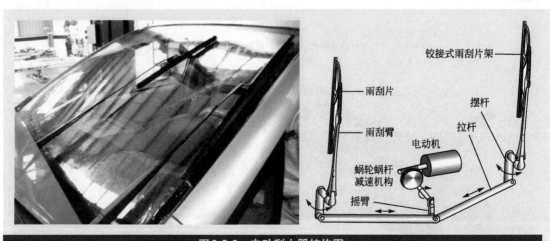

图3-8-9　电动刮水器结构图

参考文献

[1] 蒋芳，吴喜骊．汽车概论．北京：化学工业出版社，2013．
[2] 何乔义．汽车构造与性能．北京：化学工业出版社，2010．

参考文献

[1] 张宏宇, 张丽霞. 分析化学. 北京: 化学工业出版社, 2013.

[2] 张秀云. 生物制药分析技术. 北京: 化学工业出版社, 2010.